日本人の肖像

葉室 麟　矢部明洋

角川文庫
24584

目次

第一部

本書は二〇一四年一月五日から二〇一五年十二月三日まで、二十四回にわたって毎日新聞（西部版）に連載された「ニッポンの肖像　葉室麟のロマン史談」をまとめたものです。

第一部は、毎日新聞西部本社学芸課の矢部明洋記者が聞き手となって、古代から近代までの歴史人物たちを語った史談集。第二部は、大坂の陣から天皇、憲法まで、各分野の専門家を招いての対談集です。

第一部

第一章　黒田官兵衛

――吉川英治《よしかわえいじ》『黒田《くろだ》如水《じょすい》』には深い思い入れがあると聞きました。

高校時代、足の関節炎で一年休学しました。復学後も体育の授業を受けられず、スポーツができない男子という思春期特有の〝おちこぼれ感〟を抱えていた時に読み、有岡《ありおか》城に幽閉され、足が不自由になる官兵衛《かんべえ》と自分を重ねました。幽閉中、窓から見える藤の花に望みをつなぐ姿に、私も希望を見いだしたのかなあと、今から考えると気づきます。当時読んだ文庫本はずっと持っていて、今も机の上にありますね。

官兵衛は、秀吉《ひでよし》の天下取りを支え、家康《いえやす》とも火花を散らす軍師として知られますが、吉川さんはそこではなく、幽閉のエピソードに焦点を当て、裏切らない誠実な人間像を描いた。執筆は一九四三（昭和十八）年。戦時中で、吉川「如水」には戦争捕虜のイメージがある。官兵衛は幽閉を裏切りと疑われ、人質のわが子・長政《ながまさ》が犠牲になりかける。そこには、戦争へ子供を送り出した当時の国民の悲哀がにじんでいると思います。

――吉川作品には当時の庶民の肉声が読み取れるわけですね。

吉川「如水」はそう読んだ方がいい。一方、戦後の司馬遼太郎《しばりょうたろう》さんの『播磨灘《はりまなだ》物語』には早い段階でキリスト教が登場し、宗教にひかれる官兵衛像が印象的です。戦国時代はスペインやポルトガルが世界へ乗り出したグローバリズムの時代。キリシタンはその象徴。信長《のぶなが》の天下統一も、伝来した鉄砲の活用などグローバリズムの結果といえる。激動の時代に適応できた人間として官兵衛を位置づけています。

――両作家とも、その前に「太閤記《たいこうき》」を書いており、そこで官兵衛に関心を持ったのでしょうね。

お二人の官兵衛像で私がひかれたのは、戦国武将として珍しくヒューマンな点。柔軟で、自然な人間味がある。魅力を感じる人を主人公に据えるのが作家のモチベーションだし、その人物を史実の中で評価するのが歴史小説。戦国期では特異と思えるほど人間的なところを、両作とも評価している。ヒューマニズムで戦国の世を、どう生き延びたのか。戦争を見てきた吉川さん、司馬さんにすれば、ある種切実な問題だったはず。有岡城に単身、乗り込むなんて普通ありえない。軍師でありながら、その甘さをどう見ればいいかと考えたはずです。

――葉室《はむろ》さんも『風渡る』『風の軍師』でキリシタンを切り口に官兵衛像に迫りましたね。

『播磨灘物語』に触発され史料を見ていたら、官兵衛の肖像画に添えた文で、キリシタンの経歴を後に削ったらしい跡があり、想像力を刺激されました。官兵衛は棄教したといわれるが、それは違うと思っています。秀吉がバテレン追放令を出すと、確かに表だってはキリシタン的行動をしなくなる。しかしイエズス会の記録などによれば、帰国した天正遣欧少年使節《てんしょうけんおうしょうねんしせつ》と秀吉との面会に尽力しているし、イエズス会も官兵衛に好意を持ち続けた。生き延びるため、黒田家を残すため、宗教者の面を抑えた。その現実主義に司馬さんはひかれ、現実主義の根底にあるヒューマニズムを吉川さんは見たのでしょう。

――当時の大名がキリシタンになったのは、西洋文明がもたらす富や武器の魅力もあったでしょう。

キリスト教を受け入れないと、交易できなかった。貿易したいから入信する。一神教だから、寺や神社を焼き打ちまでする大名もあった。しかし官兵衛はそこまでしていない。いわば温和な在家信者の像が浮かび上がる。穏やかな信仰者として、殉教までは思い詰めず、自分の生き方でキリシタンの教えを実践しようとした。その現実主義的な姿に、グローバリズムにさらされる日本人の一つのありようを見てもいい。

現代に通じる感覚　乱世乗り切った才知

――うかがっていると、現代人に近い感覚の持ち主に思えます。

親しみやすい。逆に言えば普通の人。何万人も殺した信長のような英雄ではない。だから注目される。普通人の感覚で戦国時代は生き残れないが、そこをくぐり抜ける才知があった。家康に対しても「天下を狙いはしないから大事にせよ」というスタンス。関《せき》ヶ原《はら》は西国大名の力で勝ったようなもので、当時の家康の力はまだそれほど強くない。そこで官兵衛は「自分ならお前と対決できる」とにおわせるのにとどめ、家の安泰を図る。そんな知恵、交渉力、外交手腕の持ち主だった。

吉川さんや司馬さんは、現代に通じる感覚で戦国乱世を乗り切った知恵者の面白さを官兵衛に見たのでしょう。そうして生き延びた点に、戦争を体験した作家たちは感じるところがあった。司馬さんも戦争に行っているし、戦前から戦後へイデオロギーが変わる中で、日本人について考え、作品を書き続けた人ですから。

――商人が好きな司馬さんは、合理主義的な面にひかれたのでしょうね。

そこは戦後の、あるべき日本人像を『竜馬《りょうま》がゆく』などで描いた司馬さんらしい。今の私たちが両作で注目した方がいいのは、昭和という戦争とイデオロギーの時代を体験した両巨匠が、それにのみ込まれなかった、ヒューマンで現実主義的な人間像を官兵衛に見いだした点。戦前の皇国史観から戦後の民主主義まで振れ幅は大きいが、本来、日本人はそんなにイデオロギー的ではない。どちらも官兵衛を英雄とは描かず、普通であり続けた人物として評価した。

だから吉川さんは官兵衛の大失敗（有岡城幽閉）の話に焦点を当てた。執筆時の昭和十八年の雰囲気として、戦争を意識しないわけがない。今だって表現者は東日本大震災を意識せざるを得ない。非常時でも人間的な態度、行動を貫く人間を、官兵衛に見たのだと思う。吉川さんは常に庶民目線を忘れず、人間的な物語を書いたから戦後も支持されました。吉川作品を読むと、日本人とは何かが、戦前からの声として伝わってくる。司馬さんはその次の世代として、日本人は戦後の世界をどう生きるか問い続けたのだと思います。

第二章　宮本武蔵

――吉川英治『宮本武蔵《みやもとむさし》』人気をどうご覧になりますか。

明治を知る吉川さんは、剣豪の史実を手がかりに、懸命の努力で成長する近代日本の青年の理想像を武蔵に重ねた。西洋に追いつき追い越せの時代の日本人像である一方、急激な西洋化の中で「日本人たるべし」の二律背反な欲求もあり、二つの要素が時代小説として理想的に結びついたのが吉川「武蔵」だと思います。

併せて、当時は新しい大衆が生まれた時代でもあった。江戸の身分制度に縛られていた人々が明治以降、都会へ出て、店員や工員となり大衆層を作った。吉川さんもそんな一人で、学歴はないが、苦学し教養を身につける。そんな努力が武蔵の剣の修行や決闘とダブり、広範な読者の共感を呼んだ。作家は小説の主人公に自身を投影するもの。吉川「武蔵」は己の理想像でもあった。史実の武蔵も相当勉強して、『五輪書《ごりんのしょ》』を書き、重要文化財になるほどの絵も描いた。その姿に吉川さんも夢を託したのでしょう。

戦後も読まれ続けたのは、敗戦からはいあがるイメージが重なったから。経済成長の努力の中、戦後もそれぞれの分野に武蔵がいて、復興を遂げた。明治以降の日本人の理想像であり続けたと読み解けます。

――対照的な武蔵像を描く小説に山本周五郎《やまもとしゅうごろう》「よじょう」、司馬遼太郎『真説宮本武蔵』があります。

山本さんも、吉川さん同様、人間を見る目に庶民性があり、作品には若い頃に苦労したがゆえの強靭《きょうじん》なヒューマニズムがある。短編「よじょう」の武蔵には日本人らしいやせがまん、見えが描かれた。

司馬版は異能の人で、敗戦を体験した日本人ならではの武蔵像。リアリズムで剣の技術論を追究し、精神性に力点を置かない。戦争体験から、日本軍の精神主義はよくないと痛感されたのでしょう。吉川版は精神性を重んじたが、司馬「武蔵」はスピード、技術・能力の優劣で勝つ合理性を描き、ある種のニヒリズムを内包する。

ただ、そこには能力が歴史を作っていくべきだという、司馬さんらしい理想が反映されている。歴史は日本の軍隊にあったような精神性で作るものではない。近代とは、技術・能力で合理的に歴史を切り開いていく明るい道であるべきだとの思いが読み取れる。合理主義で迷妄を打ち破り、皆で暮らせる社会を作るべきだと。武蔵から精神性をはぎとる作業が、〝歴史作家・司馬遼太郎〟には必要だったのでしょう。

今の若者の心映す

――そして現在、吉川版を原作に、井上雄彦《いのうえたけひこ》さんの漫画『バガボンド』が雑誌連載中です。

武蔵は大衆文化史において不思議というか、突出した存在で、その時代時代の日本人像を映し出します。『バガボンド』は現代の青年像として、自分探しを続けるフリーターのように見える。自分は何者か、居場所はどこかと探し、悩む姿が今の時代らしい。強敵と出会った時だけ自己存在の手応《てごた》えがあるような、アスリート的個性とも言える。競技中だけは自分を信じられ、相手も自分にも存在感の手応えがある。バブル経済崩壊後、己を見失った日本人像がダブります。

かつての社会には、若者に対し「お前はこうなんだ」と説くような有形無形の圧力があり、人格形成を促す面があった。それが、コミュニティーが失われ、社会は青年に何も言わなくなった。カリスマは生まれるが、師を見いだすのが難しい世の中です。ルールだけを示され、アスリート的に戦う中でしか己を見いだせない青年像が『バガボンド』には表れている。

――経済も技術も激変して社会自体が揺らぎ、人格形成期にある若者が一番その影響を受けているのでしょうね。

吉川さんの時代は人と社会が濃密につながっていたが、現代日本は若者に社会の中での居場所、使命を示しえていない。戦前までは、欧米の世界支配の中で、どう国を保っていくかという国家的課題があった。敗戦後は、まず食わねばならなかった。今はただ喪失感と試行錯誤だけがある。正規雇用も企業の年功序列も崩れ、皆が帰属感に不安を覚え、寂しい。各時代の武蔵像があるが、今の武蔵が一番つらいかもしれない。実在の武蔵も戦国時代が終わり、世の中が安定期へ移る中、仕官がなかなかかなわなかった。その点、平成の殺伐さの中にある現代の若者の心象風景とつながる部分があります。

――『バガボンド』はライバル佐々木小次郎《ささきこじろう》像が鮮烈です。

小次郎を聴覚が不自由な障がい者と設定したのが画期的。吉川版の小次郎が野心的で才能に恵まれ、立身するのとは対照的に、ハンディゆえ武蔵以上に孤独な漂泊者（バガボンド）として描かれ、現代の若者像とダブります。

――本当に孤独なキャラクターなのに、日本人が武蔵の物語を愛し続ける理由は

何でしょうか。

私たちの心の琴線に触れるものがどこかある。組織に属しながらも、その中で独り努力を重ねることを美風とし、孤高を愛するメンタリティーが我々にはある。それは世界の中での国の立ち位置とも重なります。

――確かに有史以来、日本は文明の中心から見て辺境であり続けました。古代から中世は中国文明、近代は西洋に対し、憧《あこが》れと恐れを抱きつつ努力を重ね、今の繁栄がある。辺境から中心を望む孤独感、寂しさを抱き続ける民族ではありますね。

世界の中で孤独に歴史を重ねてきた島国・日本のメンタリティーを象徴するからこそ、武蔵は時代を超えて愛され続けるのかもしれません。

第三章　坂本竜馬

――『竜馬がゆく』は冒頭から架空の盗賊が出てきたり、竜馬を取り巻く女性たちも多彩で、物語として面白いですね。

そこが読者の心をくすぐる。二枚目ではないが、なぜか竜馬はもてる。前半は歴史小説というより、時代小説ですね。司馬さんは初期は時代小説色の濃い作風で、不思議な明るさがある『竜馬がゆく』は、その中でも非常に成功した作品。読者が竜馬と一緒に歴史の世界へ入っていける。

司馬作品の一つの特徴は語りのうまさ。地理や情景を目に浮かぶように描写できる説明能力の高さは、元新聞記者の司馬さんらしい。歴史作家でうんちくを述べる人は多いが、それは読者の頭に入りにくい。司馬作品の文章は具体像が浮かび、面白くて本当だろうなあと思わせるリアリティーがある。説明が丁寧で、誰にも分かるような目線に立っている。

――この作品で坂本《さかもと》竜馬の認知度が飛躍的に上がりましたね。

歴史上の人物として竜馬が注目されるのは司馬作品以降でしょう。それ以前は、自由な雰囲気で面白い人物だけど、彼を中心に歴史が動いたとは誰も思わなかった。この小説がそれほど支持された理由として、イデオロギーの時代だった六〇年代に発表された点も見逃せない。私自身、学園紛争や新左翼運動のセクト主義の、なにか息苦しい空気があった時代に読んで、何にも縛られない司馬「竜馬」が好きになった。幕臣の勝海舟《かつかいしゅう》の門下にいたり、薩摩《さつま》藩の支援で亀山社中《かめやましゃちゅう》を作ったり、無思想、無節操だけど魅力的。司馬さんも戦前、戦中を皇国史観の中で生き、敗戦を経て、もうイデオロギーなんて嫌だと思われたのでしょう。そんな思いが見えますね。

――それにしても竜馬人気は息が長いですね。

イデオロギーって重くて嫌だな、とはいつの時代も誰もが思っている。竜馬は特定世代の理想ではなく、永遠の理想像なのでしょう。何に対しても自由な発想で、自分の考えを人に押しつけない。そんな人が歴史を動かすのが一番いい。そう読者に思わせた。発表当時は米ソ冷戦の時代で、その中で日本は技術立国、商業立国の現実路線を採って成長を目指した。海援隊《かいえんたい》のビジネスで世界の海へ乗り出そうとする竜馬と、当時の日本の方向性は重なる。当然、司馬さんの中に、そういう思いがあったはずです。

それと竜馬の出身地・土佐《とさ》の土地柄、人脈の系譜。自由民権運動の板垣退助《いたがきたいすけ》や東洋のルソーと称された中江兆民《なかえちょうみん》、さらには幸徳秋水《こうとくしゅうすい》と、明治の土佐人には薩長《さっちょう》藩閥にとらわれない平等観がある。竜馬の人柄は、そういう流れにつながっていく。司馬さんは戦後日本の目指すべき方向を竜馬という人格に託されたのだと思う。史実からは飛躍もあるのかもしれないが、「そういう風に生きられたらいいなあ」と。日本人は不思議にもイデオロギーが好きではなく現実的。そういう日本人の資質とも結びつき、広範な読者に支持されたのでしょう。

――竜馬は実家が豊かな商家で、やや異色の武士でした。

商人の血の方が濃い。手紙をみても漢籍の素養がなく、武士の文章ではない。逆に、そこに人柄が出て、思うことを素直につづっていて魅力でもある。

私は、薩長同盟において竜馬は薩摩藩側の代理人だったと見ています。なぜ、そんな形で竜馬がかかわったのかといえば、長州《ちょうしゅう》征伐から始まる幕府と倒幕派の対立の激化で国内に武器市場ができた。当時、米国の南北戦争が終わり、世界的に銃器が余っていた。竜馬はそこに目を付け、長州側へ乗り込んでいった。武器を買ってもらうためには勝つ条件を整えなければならない。新しい国作りの理想だけではなく、彼なりの利害もあった。それは、人として世の中を作ることに参加する利害感覚でしょう。志士としてのイデオロギーだけで考えては、竜馬の魅力は逆に半減する。自分の理想と現実的な利害感覚のバランスが竜馬らしさであり、それだから当時の政治情勢にうまくはまった。

——しかし、最後は暗殺され、誰の犯行かは諸説あります。

さまざまな犯人説が浮上するのは、当時の複雑な政治情勢下の結節点で活躍していたからです。薩摩には薩摩、土佐には土佐の政治的利害があり、立場次第でいろいろな犯人像が成立する。

竜馬には確かに黒幕的な動きもあるが、世界を相手にものを考え、商業を通し世界を知り、触れようと夢を抱いた面もある。政治にとらわれず、自前の組織を持って自由に生きようとした。そのために人間関係を大切にし、無理な対立を起こさないおおらかさですね。自分から対立を作り出さず、対立はどこかで解消し未来を見ようとする。だから皆ついていったのでしょう。

そして最終的には暗殺される。政治の激動はそんな生き方を結局許さなかった。だからこそ、その生き方は時代を超えて輝くのでしょう。

経済感覚　思想対立崩す

――司馬「竜馬」は高度成長期の経済活動を肯定し、日本人に自信をもたせる役割も担ったように思います。

何よりも資本主義を支持した点が大きい。経済が歴史を動かすんだということで、実業家やエコノミストに自信を持たせました。国家の理念に縛られない、経済人のリアリズムが歴史を動かすことを、司馬さんは非常にわかりやすく作品で示された。現実感覚があって初めて思想対立を超え、対話もできるのだと。

薩長同盟も、交渉佳境のぎちぎちしたメンツの対立を、現実感覚を持つ竜馬だから平然と乗り越えられた。政治対立が深まった時には、第三者的リアリズムが難所を切り開く作用がある。硬直した思想対立を人間のリアリズムが崩していくさわやかさを、竜馬の行動で示し、日本人を励ましました。

――細川《ほそかわ》政権の頃でしょうか、一時、政治家が盛んに現代の竜馬を気取るような風潮がありましたが、近年は資本主義の暴走が指摘されるようになり、竜馬人気も一段落の感があります。

あの頃の竜馬人気は政治的側面ばかり強調していたように思います。今の時代こそ、もっと経済人的側面に注目してほしい。特に若い人々には、自分たちの未来を切り開くのは何かと考えた時、竜馬を見直してみるのもいい。

人間の対立の根本は結局は経済的対立にあることを見据え、そこを解消する努力をする。もう企業だけが経済の主役でもないし、いろんな仕事、働き方を通してどう社会にかかわるのかを考えてみてほしい。竜馬の武器は、ひたすらコミュニケーション（対話）でした。そういうふうに竜馬像を再考してみる時かもしれません。

――近年、NGO（非政府組織）やNPO（非営利組織）、ソーシャルビジネスなど、さまざまな社会問題を民間や市場の力で解決しようとする取り組みが生まれています。そういう方向ですね。

正しい、正しくないだけでは世の中は動かない。リアルに皆の利害を一致させる取り組みが大事です。それを目指す時、仲介者には見識の高さも求められる。今なら、貧困や飢餓の問題を解決しようとアジア、アフリカへ飛び出し、活動している人たちの志の高さに竜馬的資質を見る思いがします。身近にもペシャワール会（事務局・福岡市）の中村哲《なかむらてつ》医師（二〇一九年逝去）らのアフガニスタンなどでの活動があります。

日本は四方を海に開かれている国で、常に世界を受け入れ、歴史を重ねてきた。竜馬がやはり日本人だと思うのはその点で、自然に世界を見ようとし、世界の中で生きようとした。皆が竜馬にひかれたのは、日本人が幸せになるにはどうしたらいいのか、それを素直に考えた姿にある。そういう面を見てほしい。

第四章　織田信長　豊臣秀吉　徳川家康

――近年、歴史小説で信長がよく取り上げられます。今なぜ信長が人気なのでしょう?

革新的な着想、果断な行動といった資質に作家たちが改めて注目していますね。日本では外来文化をどう受容するかが、いつの時代も国家的課題でした。古代は中国文明、信長の頃はポルトガルやスペインの西洋文明。こうした大国に、いかに対抗するか。信長は日本の歴史の中で、大変うまく対応できたリーダーの一人です。秋山駿《あきやましゅん》さんも長編評伝『信長』で、古代ローマの将軍やナポレオンらの世界史的英雄に比肩しうると述べています。西洋に劣らぬ合理主義を貫き、宗教権威に屈せず、時には残虐なまでに敵に対する。日本らしい和の精神とは異質の、妥協しない侵略者的ヒーローだと言えます。

日本人は西洋に劣等感を抱きがちですが、日本には信長がいると思わせてくれる。本能寺《ほんのうじ》で死ななかったら大陸に進出し、アジアのナポレオンとなったかもしれない。そんな夢想さえ広がる。また、信じるのは自分だけという虚無的な態度にも現代人は共感しやすい。秀吉、家康と比べて人間不信が一番強いのが信長。世の中が悪くなると、閉塞《へいそく》状況を打開してくれそうな信長への人気が高まるという面もあるでしょう。

――戦国時代の国際環境が信長を生んだとも言えるでしょうか。

信長はヨーロッパ渡来の新兵器・鉄砲をいち早く導入、日本古来の戦術で最強だった武田《たけだ》騎馬軍団を打ち破って統一政権を打ち立てました。後に続く秀吉や家康は構想もしていなかった、日本すべてを自分のものにするヨーロッパ型の征服者です。

日本に最初の欧州型グローバリズムの波が押し寄せたのが戦国時代。国内では大名が互いの勢力争いに明け暮れていましたが、一方で日本は国としての変革を迫られていた。ヨーロッパとの接触が刺激となり、あの時代に統一国家ができたと言える。明治維新の頃とも似ていて、海外の文明を意識し、自分たちの国には統一権力が必要だと認識して新たな国家形成へと進んでいきました。

――続いて秀吉が登場します。昔はほとんどの歴史作家が「太閤記」を書くほど、国民的な人気がありました。

秀吉の特質は、戦国の時代相を象徴する〝下克上《げこくじょう》〟の典型だった点でしょう。小説で言えば、山田《やまだ》風太郎《ふうたろう》さんの『妖説太閤記』が実像を一番伝えていると私は思います。コンプレックスの塊の悪人なんですが、それが下克上のエネルギーでもあり、当時の時代感覚だった。知恵の働く下の者が、上をやっつける痛快さ。あの時代は他にも斎藤道三《さいとうどうさん》や宇喜多直家《うきたなおいえ》ら、下からはいあがるエネルギッシュな人物が多数出ますが、山田さんはそんな下克上精神の王者として秀吉を描いた。

他の太閤記は現代風の価値観を反映した、明朗な出世物語が多いけれど、山田版は秀吉の負の面を描く。晩年の残虐ぶりも含め、一生を通し筋が通っていて、善悪併せ持つ人間の本性がよく出ている。それが秀吉の魅力であり、人間存在の本質だと訴えます。

――グローバリズム政策としての朝鮮出兵をどう見ますか。

信長の権力を引き継ぎ、統一政権を打ち立てたからこそできた面はある。朝鮮の背後にいる中国・明《みん》は他にも外敵があって、後に女真族《じょしん》に滅ぼされます。敵は秀吉だけではなかったし、当時の明は政権の末期でした。一方、スペインやポルトガルもフィリピンに侵出するのが精いっぱいで、日本まで力を及ぼす余裕はなかった。そうした国際情勢下で秀吉は大陸での権益拡大を図りました。しかし当人の高齢や、国内権力の不安定さもあり渡海できなかった。独裁政権なので秀吉が死ねば終わりでした。

――次が家康の時代です。

秀吉没後は結局、豊臣《とよとみ》政権内部の闘争です。つまり上杉《うえすぎ》・毛利《もうり》と家康の大老同士の戦いで、関ヶ原合戦も家康と石田《いしだ》三成《みつなり》の決戦ではない。三成や上杉家の直江《なおえ》兼続《かねつぐ》は大老の下の総務課長や秘書課長的な存在でした。関ヶ原合戦が秀吉政権内の対決だったがゆえに、黒田如水・長政、加《か》藤清正《とうきよまさ》、福島正則《ふくしままさのり》ら豊臣恩顧の大名が残ってしまった。だから当時、政治・経済の中心だった大坂で政権を開けず、鎌倉《かまくら》幕府のように、江戸で東国武家政権を作るしかなかった。その後、加藤や福島はつぶせたが、黒田はつぶし損なう。黒田家には知恵があったのだと思います。

しかし、家康は外国にはうまく対応した。侵略した朝鮮からは通信使が来るようになったし、欧州勢力のオランダからは商館長が江戸に来るようになる。当時の世界を席巻《せっけん》したグローバリズムの国内的な後始末を家康はやった。大変重要な仕事をした割に、さほど評価されていない。なぜか。江戸幕府を倒した明治政府は一層の欧化を進めながら、徳川《とくがわ》政権を否定し続けた。だが家康は現実には貿易もしたし、朝鮮との戦争を終結させ、平和を築いた。そこはもっと評価するべきでしょう。

戦国期　現実感覚ある人材輩出

――大衆文学、テレビ・映画の世界では、ヒーロー秀吉に対し、家康は長く悪役でしたね。

山岡荘八《やまおかそうはち》さんの大長編小説『徳川家康』でやっと再評価されました。戦時中、従軍作家で各地の戦場を回った山岡さんが『徳川家康』を書き始めたのは一九五〇（昭和二十五）年。占領末期で日本が復興へ向かう中です。吉川英治さんは戦後、『新・平家物語』で国の滅びをテーマとし、山岡さんは家康を通し、平和を目指す日本の復興を描いたのだと思います。作中、織田《おだ》家と今川《いまがわ》家に挟まれた若き日の家康を長く描いたのは、世界の中の小国・日本のイメージがあったはずです。戦争を体験した作家として、山岡さんは家康を、司馬遼太郎さんは坂本竜馬を描きました。吉川、山岡、司馬は作品に戦争の総括を託したように思います。

――改めて、戦国時代とは、どんな時代でしょう。

戦国と幕末のグローバリズムへの対応を比べると面白い。戦国の日本は国内で戦争ばかりしていたので世界の潮流を、能動的に受容する現実感覚ある人材が多かった。一方、幕末維新は国内が平和だからイデオロギーが先行しがちだった。戦国の日本人のリアリズムは、敵が強そうなら戦わない。維新以後の日本人にはそこが欠けていた。

信長や秀吉への評価・人気に比べ、家康は体制を作り出したのに、どうも英雄とは見られない。でも、立て直す人がいたからこそ、信長のように壊すことが評価される。三人は役割分担が明快なところがあり、だから歴史が動いた。信長で終わっていたら、日本は殺戮《さつりく》が続いたでしょう。秀吉の調整で統一国家は成立したが、成功体験しかないから朝鮮に出兵する。その後に、普通に、しかも強く生きた家康が登場する。先の二人に比べ強靭《きょうじん》な人物だったと思います。ニヒルではない強さがあった。普通の庶民と同じように人生を信じている。その強さは、土の中から出てきている気がします。自分を含む共同体、コミュニティーを信じている。己や周囲を大切にするリアリズムを持った家康が出て、日本は平和と安定の時代を迎えることができた。

昨今の風潮は、戦後の平和な日本に自信が持てていないように見えます。平和で通してきたのは立派なことなのに、逆に不安を覚えている。家康が導いた平和の価値を改めて見直すべきでしょう。

第五章　女帝の世紀

――女性天皇は男性の皇位継承者がいない時の「中継ぎ」と考えられがちでしたが、実際どうなのでしょう？

中国の女性権力者には漢《かん》の呂后《りょこう》、唐《とう》の則天武后《そくてんぶこう》や清《しん》の西太后《せいたいごう》らが出ていますが、後世の評判がよくない。日本の女帝も、男性にふさわしい候補がなく、男性即位までの中継ぎとの見解が普通でした。しかし現実には、推古《すいこ》天皇の時の聖徳太子《しょうとくたいし》（厩戸皇子《うまやどのみこ》）など能力ある候補はいたし、単純に中継ぎとは片付けられないと思います。

女帝を考える時、やはり天武《てんむ》天皇以降が重要です。壬申《じんしん》の乱（六七二年）で即位した天武は皇后や六人の皇子らと吉野《よしの》（奈良《なら》県）に赴き、協力し合う誓いを立てる。だが天武の死後、乱を共に戦った立派な大人の皇子たちがいたのに、次に即位したのは皇后だった持統《じとう》天皇です。その意味するところは、他の女性が産んだ皇子より、まだ幼い我が子（や孫）に継がせたくて、即位できる年齢に成長するまでは自分が務める、そういう意志を感じます。

当時、天皇家は壬申の乱の記憶がまだ生々しかった。天武は兄の天智《てんじ》天皇の子・

大友皇子《おおとものみこ》と戦って即位しました。同族間の内乱には懲りていた。天武の死後に男子の候補が多数いて再び争いが起きかねなかったので、皇后からの即位が認められた。ただ、持統の真意は「我が子に継がせたい」だったでしょう。持統の子・草壁皇子《くさかべのみこ》は早死にし、孫にあたる草壁の子（後の文武《もんむ》天皇）に継がせようと自ら即位した。

――持統以後、その系統から女性天皇が続くことになりますね。

持統のやり方が受け継がれます。文武も早くに亡くなり、皇族男子は多くいたけれど、文武の幼い子（後の聖武《しょうむ》天皇）に将来は継がせようと、文武の母が元明《げんめい》天皇として即位。次に元明の娘が元正《げんしょう》天皇（文武の姉）となり、聖武に皇位を継がせます。直系の子や孫にとの考えは、持統以降、数代の女帝に一貫している。元明と娘の元正は、我が孫、甥《おい》に継がせたいのだが、まだ幼いという事情で、使命感から皇位をリレーした。周囲に担がれたピンチヒッターではなく、即位には当人の明確な意志が見えます。

天皇家には、伊勢《いせ》神宮の斎宮《さいぐう》として仕える皇女の存在など、ある種の宗教性がある。皇族女性には、皇族の一員としての強い使命感があった。それを女帝の系譜に感じます。

現代でも中小企業の社長が亡くなって、継がせたい子供が幼いときは、妻が社長になることがあるでしょう。創業の苦労を思えば、他人には渡せないとの思いは当然ある。その感覚は多分、古代も同じだったと考えると分かりやすい。持統は天智の娘でもあったが、壬申の乱では天武についた。自分も体を張って築き上げた政権を、自分の肉体を通しつながる子や孫に継がせたいと考えるのがリアリズムです。

――壬申の乱の影響は大きいようですね。

女帝時代が成立したもう一つの理由は、当時が中国を手本に「近代化」を目指した時代だった点です。元明の時に平城京《へいじょうきょう》に遷都し奈良時代が始まりますが、律令による法治国家を目指したのがこの時代の特徴。中国風の制度やモノを取り入れ、国家の完成を目指した。壬申の乱のように男性の皇子たちが武力で帝位を争っていては法治国家たりえない。戦争を避ける点に女帝の政治的な意味があった。日本は卑《ひ》弥呼《みこ》のようなシャーマンを頂点にいただく伝統を持ち、女帝を受け入れやすい素地もあった。そこが中国とは違った。

律令国家を作った功労者は当時の実力官僚・藤原不比等《ふじわらのふひと》ですが、その妻の県犬《あがたのいぬ》養橘三千代《かいのたちばなのみちよ》も後宮で働いたキャリアウーマンの元祖。二人の間に生まれたのが後の光明《こうみょう》皇后で、不比等は娘を聖武天皇の皇后にする。確かに野心もあったでしょうが、能力があり、地道に努力もした不比等にとって、律令体制完成への使命感もあっての政略結婚だったと思う。光明皇后も、それまでの女帝の流れを受け政治力を発揮します。内乱を避ける工夫、知恵として女帝政治が引き継がれたと考えてもいいでしょう。

不比等は持統天皇に見出《みいだ》されるまで朝廷では不遇でした。不比等の父、中臣《なかとみの》（藤原）鎌足《かまたり》は中大兄皇子《なかのおおえのおうじ》（天智天皇）とともに蘇我入鹿《そがのいるか》を倒した謀臣だったとされます。鎌足の没後、一族は当然のことなのですが、近江《おうみ》朝に仕えた。このため、天武朝では不比等は日の当たる場所に出られなかった。

少年の頃に見た壬申の乱の動乱とともに、朝廷に自らの居場所がないことは不比等に衝撃を与えたでしょう。だから不比等は官僚として用いられるようになると、ふたつのことを目指した。ひとつは、律令によりわが国を法治国家とすることです。もうひとつは、権力争いで国が二つに割れることを避けようとした。哲学者の上山《うえやま》春平《しゅんぺい》は、不比等は中国風の「革命の哲学」ではなく「非革命の哲学」を目指したのでは、と説いています。不比等の時代に編纂《へんさん》された『日本書紀』では、国津神《くにつかみ》系が天津神《あまつかみ》系（天孫降臨系）に戦争によらず「国譲り」をしたと受け取れる記述をしています。これが不比等が目指した国家像だとすれば、不比等はわが国を「革命の起きない国」にしようとした。そのための女帝だったのです。

法治の国づくりを支える

――女帝は単純な中継ぎではなく、政治的使命を担っていたのですね。

聖武天皇になると、皇太子に娘の阿倍《あべの》内親王（後の孝謙《こうけん》・称徳《しょうとく》天皇）を立てます。史上初の女性皇太子でした。やはり男性の皇族がないわけではないのに女性を選んでいる。藤原氏や、藤原氏出身の光明皇后の意志だといえばそうなのでしょうが、まだ男子が生まれる可能性もあったのに女性を後継者にした点で日本の歴史上、女帝容認の一つのピークだったと思う。女性だけが天皇に即位するわけではないが、女性もやるのが非常に自然だった。元明は文武の母で、元正は姉として後継に立ったが、孝謙（称徳）は皇太子から即位する初の正統な女帝であり、中継ぎではなく本命でした。不比等の天皇観には女帝を、むしろふさわしいとする感覚があったのでしょう。

――女性がトップに立つことに、現代よりもタブー意識がなかったわけですね。

いわば古代の男女共同参画です。王羲之《おうぎし》の「楽毅論《がっきろん》」を光明皇后が臨書《りんしょ》した作品が正倉院《しょうそういん》宝物の中にありますが、実に男性的な筆致。夫の聖武には感じられない決断力があったような気がします。

近代になって平塚《ひらつか》らいてうは「元始、女性は太陽であった」と書いたが、その女性は天照大神《あまてらすおおみかみ》や卑弥呼、神功《じんぐう》皇后のイメージだったかもしれない。しかし奈良朝の女帝こそが、男女が共に関わって国家体制を整えた時代の「太陽」だったと言えるでしょう。日本の創成期の初々しい時代に女性たちの働きがあった。日本の成り立ちを振り返ると、男と女が協力しあい、うまくやる知恵を古代の人はもっていたと考えればいい。

男性天皇にこだわれば第二、第三の壬申の乱が起こったかもしれない。そこを女帝によって内乱を回避し、平安時代に続く国家の基盤づくりを成し遂げていったと見ることもできる。

その後の歴史を見ても、源平《げんぺい》合戦の後の鎌倉《かまくら》幕府では尼将軍《あましょうぐん》と呼ばれた北条政子《ほうじょうまさこ》が台頭します。初めて武家政権を打ち立てた創業者・源頼朝《みなもとのよりとも》の妻・政子が政治的な力を発揮する。歴史の転換点で妻が大きな役割を果たすのは、日本人の特徴的な資質、個性を表しているようにも思えますね。

第六章　新選組

――権力を握った英雄ではないのに、新選組《しんせんぐみ》は繰り返し小説や映画、ドラマになり、今は漫画やアニメ作品もあります。

私も先日、京都の（新選組屯所《とんしょ》があった）壬生寺《みぶでら》へ取材に行きましたが、新選組コスプレの若い女性が大勢いましたね。

新選組人気は、片岡千恵蔵《かたおかちえぞう》の時代劇映画になったり、昔から何度かブームがありました。我々の世代だと、十代の頃に見たドラマ「新選組血風録《けっぷうろく》」（一九六五～六六年、司馬遼太郎原作）で栗塚旭《くりづかあさひ》さんが演じた土方歳三《ひじかたとしぞう》、島田順司《しまだじゅんじ》さんの沖田総司《おきたそうじ》、左右田一平《そうだいっぺい》さんの斎藤一《さいとうはじめ》の印象が強い。昔は副長の土方は悪役イメージでしたが、司馬さんの『新選組血風録』や『燃えよ剣』以降、ヒーローになり、今に至ってます。

――息の長い人気の理由は何でしょう。

新選組人気のそもそものルーツは一九二八（昭和三）年刊行の子母澤寛《しもざわかん》著『新選組始末記』です。東京日日《にちにち》新聞（現・毎日新聞）の記者だった子母澤さんが、当時まだ存命だった元隊士や関係者から取材して書いた作品で、小説というよりノンフィクションに近い。司馬さんも子母澤さんとの対談の中で、新選組を書く時、『始末記』を超えられないと思ったと語っています。
実録の色合いが濃いのが『始末記』。聞いた話を書く新聞記事のスタイルが踏襲された。今に至るまで数多くの作家が新選組物語を書いてきましたが、ほとんどが『始末記』を基礎資料にしていると思います。そして、子母澤さんのスタイルが後世への新選組の伝わり方に大きく影響しました。

――それはどういうことでしょう。

子母澤さんの祖父は幕府方として彰義隊《しょうぎたい》に加わり、箱館《はこだて》戦争にも従軍します。その後、北海道で開拓民となりました。その祖父から直接、幕末・維新の昔話を聞いて育ったわけで、子母澤さん自身も「年寄りの話を聞くのが好き」と言ってます。祖父の足跡は新選組の土方とほぼ同じでしょう。
『始末記』執筆のため京都・壬生の古老らから新選組の逸話を聞き出すのですが、祖父や年配の親戚《しんせき》から昔話を聞いているような、肌のぬくもりを感じる筆致が特徴です。共感と言えばいいでしょうか。その味わいがなければ、新選組はしょせん人殺し集団であり、白色テロの話になってしまいます。そうはならず、『始末記』には人の弱さ、悲しさも出ているから、人間的な新選組隊士のエピソードが今に伝わり、人気が持続しているのだと思います。

——徳川幕府方だった新選組は明治政府から見て敵役《かたきやく》なのに、人気が出たのは不思議ですね。

明治以後、急激な近代化のせいで国民には新政府への反発が大なり小なりありました。江戸時代が正しいとまで言わないが、庶民大衆は本音では幕府時代に懐かしさ、郷愁を感じていた。そうした感情の中に、子母澤さんが新選組を復活させた。非情と見られていた集団の、人間的な面を再評価したわけです。新しい時代となる中で、江戸の心意気としてとらえる部分や、日本人らしい判官《ほうがん》びいきもあったでしょう。新選組というテロリスト集団が人間的であったという見方は新鮮でもあった。そこは忠臣蔵《ちゅうしんぐら》と共通するものがある。赤穂《あこう》浪士が討ち入り後、すぐに歌舞伎として演じられたのには、元々体制への反発があり、そこに火が付く形で大当たりした。新選組も同じです。

——明治以降の近代日本に対する大衆の違和感の反映ですね。

東京の人からすれば、維新で薩摩や長州の田舎者が威張りだしたわけですから。倒幕へ至る官軍のやり方も決してほめられたものではなかった。そうした近代への抵抗感は抜きがたくあったと思います。江戸時代まであった、日本人のしつけや倫理観は、明治以降もまだ根強かった。立身出世主義で権勢欲や物欲が強くなっていく世相に対し、本来日本人の持っていた価値観を敗北する側が持っていて、それが新選組に象徴された。

それと新選組は剣客ぞろいで、何と言っても強かった。士族階級が滅んでいく時代の流れの中で、侍への憧《あこが》れもあったでしょう。

ブームは繰り返す

——なかなか複雑なヒーロー像ですね。

大佛次郎《おさらぎじろう》さんの『鞍馬天狗《くらまてんぐ》』では、近藤勇《こんどういさみ》は主人公の好敵手ですね。司馬さんの場合は、日露《にちろ》戦争までの日本の近代化は正しかったという歴史観ですが、それなのにヒーローのはずの桂小五郎《かつらこごろう》や大久保利通《おおくぼとしみち》らを書かずに、新選組を書きました。なぜか。戦前まで日本人は楠木正成《くすのきまさしげ》などの歴史ヒーローを持っていたが、戦後は歴史の中にヒーローを持てなかった。敗戦の影響でしょうね。歴史ヒーロー不在の隙間を新選組が埋めているようにも見えます。

ただ、我々の歴史ヒーローが敗北側でいいのかという、一考すべき課題はあります。子母澤さんにとって新選組は祖父の世代。祖父の膝《ひざ》で幕末の話を聞いた原体験もあった。今の私たちは太平洋戦争をそういう形で継承できていない。負け戦ということもありますが、親たちから、肉声の形で歴史を受け継げていない点は考えないといけない。敗戦から約七十年、平和を維持してきたことに今一つ自信をもてない心情も、そのあたりに一つの原因があるでしょう。

また、新選組の活動は侍同士の個人の戦いでしたが、太平洋戦争になると、個人がすべて国家の戦いに収斂《しゅうれん》されます。だから自分たちの物語として語るのは難しい面もありますが。

――新選組人気は戦後ならではの心情の反映でもあると?

自分たちの歴史を親の世代から伝え聞く、受け渡しができていないから、若い人が新選組にまでさかのぼってしまう。そんな皮肉も感じますね。子母澤さんが新選組を書いたのは、江戸時代の気風への郷愁もあったからでしょう。日本人が、自分らしくありたい、己とは何かを求めたいという心情が新選組にたどりついた。だから、これからも繰り返し新選組ブームは訪れるでしょう。

――今は土方人気が高いようですが、局長の近藤勇はどう評価しますか。

確かに土方は組織作りで才能を発揮しましたが、今の人気は、箱館まで行き最後まで戦ったヒロイズムですね。日本人が一番好きな形です。源義経《よしつね》と弁慶《べんけい》の場合と同じで、司馬さんが『燃えよ剣』で新しい魅力を引き出した。

しかし、幕府や松平容保《まつだいらかたもり》の会津《あいづ》藩に対し新選組の存在感を高めていったのは近藤の手腕です。やはり相当の人物だった。豪農とはいえ、農民の出から幕府の中で成り上がっていき、幕閣と膝詰めで政局を論議したり、最後は大名並みにまでなる。新選組の資金調達で大阪や京都の豪商と交渉したり、乱世ならではの、かなり怪物的人物だったと思います。そういう近藤像に迫る作品が、今後出てきてもいいと思いますね。

第七章　西郷隆盛

――西郷隆盛《さいごうたかもり》は維新最大の功労者ですが、後の西南《せいなん》戦争で賊将となるなど評価が難しいですね。

司馬遼太郎さんは日露戦争を描いた歴史小説『坂の上の雲』の次に『翔《と》ぶが如く』を書き、西南戦争へと至る西郷に取り組みました。明治維新を改めてとらえ直そうとの問題意識があったはずです。司馬さんが好きなのは長州より薩摩、陸軍より海軍で、西郷にも好意的評価があったと思いますが、『翔ぶが如く』は結局、「西郷は謎」で終わってしまいます。鹿児島《かごしま》出身の海音寺潮五郎《かいおんじちょうごろう》さんも大長編史伝で西郷に迫りますが、未完に終わりました。その浮沈の激しい生涯やスケールの大きい人格に、大作家たちもなかなか西郷像をとらえきれません。

――維新の英傑たちの中でも異彩を放つ部分は何でしょう。

西郷の主君、島津斉彬《しまづなりあきら》は当時としては抜きん出た開明家の大名でした。ペリー来航以前から近代化に意欲的で、おそらく近代国家建設の青写真も持っていた。西郷は「安政《あんせい》の大獄」の折、奄美大島《あまみおおしま》に流されますが、許されて政治の場に復帰して後は、亡き斉彬の構想を実現すべく孤軍奮闘します。いわば、隠れ開明開国派で、単純な尊攘《そんじょう》派ではなかった。幕末における西郷の動きは複雑に見えますが、斉彬構想を実現しようとしたのだと考えればむしろシンプルです。それだけに孤独ではあったでしょうが。一度自殺を図ったり、二度の島流しなど、度々どん底も経験します。その時の孤独や絶望感がもたらした人格的な陰りが、他の志士たちと違う。王政復古に至るクーデター的手法など、親分肌で陽性イメージだけの人ではない。

――では、最大の功績は何でしょうか。

やはり廃藩置県でしょう。主君絶対だった封建体制を一気に改められたのは西郷の決断と存在感が決定的だった。明治政府の他のリーダーたちには、欧米諸外国への対抗上、これからの日本は統一国家でなければという共通認識はあったが、廃藩置県の断行にはためらうところがあった。

西郷がそこまで踏み切れたのは、天皇が徳で治める国を実現する理想があったからです。そこが大久保利通ら近代化優先を主張する他の新政府幹部と根本的に違う。徳治《とくち》の古代中国王朝を理想とした革命家でした。その強固な倫理観ゆえ、近代化、西洋化と折り合えないところがあり、後に大久保らとのズレが拡大していきます。

そう仮定すると、後のロシア革命のトロツキーやキューバ革命のゲバラが革命後、権力闘争からはずれ、革命の輸出に向かう姿に似ている。つまり、西郷下野のきっかけとなった一八七三（明治六）年の征韓論《せいかんろん》は革命の輸出を意図したのではないでしょうか。

――革命の輸出ですか。

西郷の政治意識の中には、欧米列強のアジア侵出に対抗するため中国・清や朝鮮と連携する構想があったと思う。倒幕を果たし、徳による統治の復古型革命を成就させた日本から、同じ国家的課題に直面する隣国へ革命の輸出を考えたのでは。だから「征韓論」と言うより、「遣韓論《けんかんろん》」（朝鮮への使節派遣）が適切でしょう。また、流刑で滞在した奄美諸島での薩摩藩の収奪を見て、武家政権、封建体制の矛盾も知ったでしょうし、藩の琉球《りゅうきゅう》交易を通しアジアへの視野も開かれていたはずです。

征韓論争の際には朝鮮使節を志願し、自分が殺されれば戦端を開けると覚悟を表していますが、重要局面で口にするタンカみたいなもの。周囲の人々も分かっていて、「また言ってる」程度だったでしょう。その証拠に一八七五（明治八）年の江華島《こうかとう》事件を、（明治政府が）砲艦外交で朝鮮に開国要求を突きつけた恥ずべき所為と厳しく批判しています。

しかし、西郷のそうした対外政策面の理想は、国内の近代化を優先する岩倉具視《いわくらともみ》や大久保と対立し、権力闘争に敗れて下野します。ここで大久保らと、アジアを視野に入れる西郷とのズレが明らかになります。

西南戦争で欧化に異議

――理想家肌の西郷の人格はどのように形成されたのでしょう。

私たちが歴史を見る際に誤りがちなのは、現代の感覚で昔の人を評価してしまう点です。西郷は江戸後期の儒者・佐藤《さとう》一斎《いっさい》の語録『言志四録《げんししろく》』を学び、抜き書きまでして座右の銘にしています。自分を倫理的に作り上げていこうとする傾向が当時の人には強く、精神性の鍛え方が現代とは違う。例えば『言志四録』にある「心は則《すなわ》ち能《よ》く物を是非して、而《しか》も又自ら其《そ》の是非を知る」の言葉には、己の内面に宿る善を磨いていこうとする高度な精神性を見ることができます。それは経済的成功や効率性に重きを置く現代の私たちが失った価値観です。

そんな人格形成が求められた時代の中でも、西郷は「善」や「無私」の倫理性で突出するリーダーでした。無私だから敬愛され、支持された。その資質は、島流しなど過酷な環境下で己とは何かを徹底的に考え、鍛えられたのだと思います。西南戦争で賊将となりながらも大衆人気が根強かったのは私心のない人格が広く知られていたからでしょう。自分の命を投げ捨てる衝動、覚悟が常にあった。その一方で倒幕時に見せた果断さも余人をもって代え難い。鳥羽伏見《とばふしみ》で幕府と開戦した決断はまさに気迫勝ち。時代の勢いを読む勝負勘は革命家としての真骨頂です。

――理想のために西南戦争にまで至るのですか。

大久保は維新後、海外視察で文明の力を肌で知り、日本も工業化しなければ勝てないと身にしみます。新政府は当初、汚職などスキャンダルが続きますが、西郷は腐敗・堕落が許せない。ところが官僚政治家の大久保は倫理より、近代化しないと世界で生き残れないとの危機感の方が強く、抜き差しならなくなる。

だから西南戦争は、後の毛沢東《もうたくとう》による中国・文化大革命に似ているかもしれません。ただ毛沢東は革命とは何かを理論化しますが、西郷は言葉より態度、行動の人で政治的な言葉があまりない。まだ理論化できない時代でもあったし、何より自らを語らないので、その人格や出処進退が後世の謎となった。

でも九州育ちの私は、西郷タイプのリーダーに出会った経験が割とあります。修羅場で決断力があり、カリスマ性ゆえ人望がある。それでいて寡黙。九州独特かどうかは分かりませんが、司馬さんのように謎とは思わない。

――西郷の敗死は何を意味するのでしょう。

革命とは価値観がひっくり返るわけで、モラルハザードも起きる。さらに急激な開化を図った明治は、当然それになじめない人々を生みました。西南戦争は不平士族という一階級の反乱ではなく、国中に充満した西洋化への違和感、不満や不安の爆発でした。現代の中東紛争の根っこに、欧米資本主義やキリスト教文化と、イスラム文化の価値観の衝突があるのに似ている。

そして西南戦争によって、欧化政策に対する異議申し立てが最終的に敗北します。ここで江戸時代が終わったのです。同時に、アジアに忽然《こつぜん》と登場した西洋型国家がスタートを切った。当時はそれが正しいとされたし、やむを得なかったと思います。欧米列強のアジア侵略から生きのびることが大事だったから。

しかし、何かが確実に失われた。それは、これからも日本人が考えていくべきテーマです。西郷が目指した倫理性を伴う革命は挫折《ざせつ》し、大久保らに代表される実務者の時代になったのです。

第八章　源平争乱

――源平争乱は日本史に一線を画したと言われますね。

古代から綿々と歴史は続いてきたわけですが、現代に直接つながる歩みの始まりは鎌倉時代からでしょうか。鎌倉幕府によって日本に初めて東国政権が登場し、以後、京都を中心とする西国政権とせめぎあいながら日本の歴史は現在まで展開してきたと考えています。

歴史家の網野善彦《あみのよしひこ》さんは『東と西の語る日本の歴史』などの著作で、日本列島は東国と西国で二つに分けてもいいほど、社会や文化の成り立ちが違うと指摘しています。源平合戦は日本、および日本人の東西二つの特質が衝突という形で凝縮し顕在化した初のケースです。対照的な平氏《へいし》（西国）と源氏《げんじ》（東国）の政権像を通し、日本とは何かを考えてみると面白い。

――この時代は武士階級の台頭が特徴と指摘されますが。

源平合戦に先立つ平将門《たいらのまさかど》や藤原純友《ふじわらのすみとも》の反乱（承平《じょうへい》・天慶《てんぎょう》の乱）から考える必要があります。まず将門が関東で独立国家を目指して挙兵、ほぼ同時期に純友が瀬戸内《せとない》海《かい》で乱をおこします。ともに都の京都から見れば東と西の辺境ですが、そこで朝廷の支配を脱するほどの力を持つ武士階級が生まれつつあることが反乱の形で表れた。

網野さんは著作で、東国は馬や鉄、西国は牛や海運と分かりやすい対比で東西の特徴を説明しています。東国は広大な平野に恵まれ、いい馬を産出できた。中国や朝鮮が近い西国は海を介して異文化とつながり、交易が富を生んだ。こうした環境条件が騎馬武者を率いた将門、水軍の純友に代表される新しい階層を育てました。

当時は国境の意識もあったかどうか。だから東国へは北方から大陸の騎馬民族系の文化が流入したのでしょう。もちろん西国は、中国に代表される大陸の先端文化を受容する最前線でした。将門、純友は敗れますが、二人に代表される勢力がその後さらに成長し、続く保元《ほうげん》・平治《へいじ》の乱で上皇や天皇、摂関《せっかん》家の抗争に利用され、活躍します。京都を舞台に武力を見せつけた武士たちの中で、まず覇権を握ったのが平清盛《きよもり》でした。

——清盛の平氏政権をどう評価しますか。

平氏政権（西国）も、続く源頼朝の鎌倉幕府（東国）も共に朝廷からの独立を目指した点は同じです。清盛は福原《ふくはら》（現在の神戸《こうべ》市）に遷都し、朝廷や寺社勢力と距離を置いて新たな独立国家を作ろうとした。天皇や上皇を擁してはいますが内実は独立です。大輪田泊《おおわだのとまり》（神戸港）の改修から明らかなように、国家規模の貿易を行って利益を得ようとしたところに特徴がある。ただ、東国を含む日本全体を統一する国家像のイメージまで清盛にはなかった。視野にあったのは、貿易相手の中国や朝鮮と関係が深い近畿から九州までの印象ですね。だから、平氏には西国独立政権の色合いが濃い。

――西国政権とは貿易重視、海外志向と理解すればいいでしょうか。

清盛が最も特徴的なのですが、日本の歴史に登場する西国政権はどれも中国・朝鮮、大陸への関心が強い。交易の利益や高度な文化への憧《あこが》れが理由だと思います。古代の朝廷は中国の律令制度を取り入れ国家の基盤を整えたし、室町《むろまち》幕府の足利《あしかが》義満《よしみつ》は日明貿易で栄え、中国の権威を利用し「日本国王」と称した。豊臣秀吉は文《ぶん》禄《ろく》・慶長《けいちょう》の役で朝鮮半島へ侵攻したし、幕末の長州、薩摩藩も対外貿易で利益をあげ、その富が明治維新の原動力となります。その後、薩長土肥《どひ》の西国諸藩出身者が率いた明治政府は大陸に侵出し、最後は日中戦争に突入していく。西国政権には海外への膨張志向が見えます。逆に東国政権である鎌倉幕府や鎖国の江戸幕府は貿易よりも国内統治を優先します。

貿易重視の清盛は東国統治に関心が薄かった。だから平氏政権は中国・朝鮮の洗練された文化の影響を強く受け、公家《くげ》化します。

――確かに清盛は天皇の外祖父になるなど、摂関家の権力掌握法をそのまま踏襲しますね。

朝廷のシステムを利用して権力を握るのですが、同時に公家化するわけです。平氏の貴族的性格は「平家物語」などの文化的成果として今に伝えられています。情がこまやかで美しく、「平家物語」に代表される滅びの美学のような無常観を平氏一門は体現する。文化的美しさや富を求めて海外を目指す自由さ、惜しむべき海商文化と位置づけてもいい。しかし、日本の歴史的特徴かもしれませんが、実は西国政権は長持ちしない。

――清盛の死後程なく平氏は滅びるし、室町幕府も三代義満の時に絶頂期を迎えながら、その後は混乱続き。豊臣政権は秀吉、秀頼《ひでより》の二代。維新政府ですら、王政復古から太平洋戦争で敗れるまで八十年足らずです。

貿易や経済重視の体制は外来文化の受容によって、弱体化が進みやすかった。網野さんは『東と西の語る日本の歴史』で、フラットな共同体的「ムラ」を西国社会の特質とし、逆に東国社会は家父長的な「イエ」を重視するので縦の関係性が強いと指摘している。それぞれの共同体の性格が政権に投影されるせいかもしれない。

源平争乱の頃、西国武士の平氏にとって、坂東《ばんどう》武者の源氏方は恐ろしかった。「平家物語」の中で斎藤実盛《さいとうさねもり》が、東国武士の戦いは親や子が討たれても乗り越えて戦うが、西国武士は親が討たれたら供養し、子が討たれたら嘆くと、戦いぶりの違いを語っています。

――平氏政権は頼朝ら源氏勢や朝廷に加え、寺社勢力への対応にも苦労しますね。

清盛が思う以上に、朝廷という存在はもっと根が深く、したたかだったし、京都・奈良の寺社の宗教権力も手ごわかった。代表的な存在である比叡山《ひえいざん》は国家鎮護を担う、いわば朝廷の分身で、宗教的ボディーガードとして平氏に牙《きば》をむいてくる。当時は神仏への恐れ、祈禱《きとう》が信じられていて、宗教勢力との対立は清盛の武力、権力をもってしても一筋縄ではいかない。外戚《がいせき》政策などで朝廷を取り込み、権威をまとった清盛の戦略はある程度、成功しますが、宗教勢力にはてこずります。朝廷や寺社と距離を置くことも目的だった福原遷都は一年と持たず、再び京都に帰ります。平氏の新国家構想は挫折するのです。

――朝廷や寺社に代表される旧勢力と、システムや物理的距離の面で近過ぎたのも平氏が滅んだ原因ですね。

平氏を滅ぼした源頼朝の鎌倉幕府は平氏を教訓に、京都と距離を置いて朝廷からの独立性を維持することに成功します。
寺社勢力についても、坂東武者たちのリアリズムに宗教権威はあまり通用しなかったと思う。また平安時代までの宗教は支配者、権力者が国家の安泰を祈る性格が強かったわけですが、鎌倉時代になると個人の救済を求める新仏教が登場してきます。宗教も含め、日本全体が大転換の時を迎えたのが、この時代でした。

武断政治が京圧倒

――鎌倉幕府によって、日本の歴史に初めて朝廷以外の権力システムが誕生します。

日本で最初の政治的ヒーローが頼朝でしょう。平治の乱で敗れた源氏の嫡男だったため、伊豆《いず》で流人として成長します。当然、自前の武力、軍団を持たないのですが、関東で力を蓄えた武士たちが平氏政権に対抗するため、貴種である頼朝のもとに集まり東国政権を築いていきます。頼朝の組織力、政治センスは天才的でした。関東武士たちの利害を調整、代弁し、自分の領地も兵もないまま平氏を追いつめ、朝廷とも駆け引きする。

しかし、頼朝は拠点を置く東国支配の確立が第一で、当時は西国支配まで現実問題として考えなかった。壇《だん》ノ浦《うら》合戦で平氏を滅ぼせるとも思わなかった気がします。朝廷の平氏追討の院宣を受けて派遣した弟の義経が合戦に強すぎ、想定を超える結果になった。

――「判官《ほうがん》びいき」の言葉があるように、源義経は平氏を滅ぼし日本史上、最大のヒーローとなります。歌舞伎などにもよく登場しますね。

義経は非業の死を遂げますが、合戦では敗れたことがない。悲劇的だが敗北のイメージがないので、庶民大衆にとって理想のヒーローとなります。歌舞伎をはじめ大衆芸能の主人公として数多く取り上げられました。

でも私は、歴史の転換期に登場した最大のトリックスターだと思う。不思議としかいいようがない存在です。軍事的天才であるのは間違いなく、合戦というとやたらに勝つ。その戦術は不意打ちなど結構ひきょうです。武家としての見栄《みえ》や体裁がなく、勝てば何でもありのリアリスティックな合理主義がある。軍事の天才とは、そういう一面の持ち主ではありますが、それゆえ政治感覚が極端に欠落している。

平氏追討に派遣した頼朝にしてみれば、あそこまでの完勝は予想外で、義経は必要以上の英雄になってしまった。古来から戦争で勝つ人物は非常に評価されます。

それは人々が勝利に、ある種の奇跡を見るからです。また義経の経歴も頼朝を恐れさせた。

——義経と奥州《おうしゅう》藤原氏の深い関係ですね。

奥州藤原氏こそが頼朝の最大の脅威でした。金を産出し豊かな財力を誇る東北の存在は、西方の平氏や朝廷と向き合う頼朝にとって背後の敵も同然。義経は一時、東北に身を寄せており縁浅からぬ上、同じ源氏の貴種でもある。扱いを誤ると東北の財力、軍事力を引き継いで強敵となりかねない。

頼朝と決裂した義経が再び頼った東北で藤原氏に殺されると、即座に東北征討が開始されます。平氏追討は範頼《のりより》、義経の弟たちに当たらせた頼朝が、東北には自らが兵を率いて乗りこみます。それほど東北を恐れると共に重要視していたのです。

——頼朝が奥州藤原氏を滅ぼし関東以北の支配権を確立したことで、日本は東国を武家、西国を朝廷と、国を二分する体制になりました。

それまで国家の中心は奈良、京都がある近畿の一点だけでしたが、鎌倉幕府の登場で国の中心がもう一つできます。イメージとしては、日本の国のかたちが、中心が一つしかない円の状態から、中心が二つある楕円《だえん》に変わるのです。以後、日本の歴史には東国と西国、どちらかの性格が強い政権が交互に誕生し、東西せめぎ合いながら現在に至ります。

中心を二つ持つのが、日本の国家像を複雑にする原因だと思います。「日本人とは何か」「日本とは何か」のニッポン人論はずっと盛んですが、今もって結論は出ない。なぜなら東国と西国の二つの国が同居しているのが日本だからです。一つに、くくりにくい。歴代政権に東と西の特徴が、入れ代わり立ち代わり強く表れるので、私たちも自分自身をイメージしにくいのだと思います。

天皇制が武家政権の時代を迎えても滅びずに続いた理由も、国内が東国と西国に分かれる中で、国家統一のイメージを担う存在として歴代政権が必要としたからでしょう。

——頼朝は京都の朝廷とどう向き合いましたか。

平氏の西国政権は朝廷を取り込んで権威付けを図りましたが、かえって朝廷の権威に引っ張られて独立を果たせなかった。頼朝は朝廷と慎重に距離を置き、鎌倉から動かなかった。頼朝を支えた北条氏ら関東武士たちが、東国での勢力争いや地盤固めで京都どころではなかった面もあります。京都育ちの頼朝は、個人的には戻りたかったと思うのですが。

文化的にみても、西国政権が繊細なのに対し、鎌倉は男性的なリアリズムの美を尊重する。流鏑馬《やぶさめ》などの武芸です。現代に伝わる武士像のルーツはこの時代にあるのでしょう。武士の強さ、自立性は鎌倉に始まり、江戸時代の侍へとつながっていきます。今の日本人が想定する侍像の根本には東国特有のリアリズムがあります。

――この時代の関東には、後の開拓時代の米国のような、西部劇に象徴されるイメージがありますね。

そうですね。坂東武者にもまさにフロンティアスピリットの形容が当てはまる。武士たちが文字通り領地を切り取って土着し、力を蓄えていった。ほぼ同時代の中国も北方に騎馬民族の元《げん》があり、南には宋《そう》がありました。東アジア全体に共通する構図なのか、宋や西国政権の平氏は、北方の騎馬軍団に滅ぼされます。北方系の武断政治が国家統治には向くのかもしれない。

歴史的にみてわが国の安定政権は北条氏や徳川氏などの東国政権です。これは、京、大坂の西国政権はアジア交易を通じて経済的に豊かであり、文化も花開くが、それだけに東アジアの政治情勢に影響を受けやすく、政権が不安定になるからではないでしょうか。

中国に強大な国家が勃興《ぼっこう》したとき、西国政権はその影響を受けるのです。ところで、明治政府は東京を首都とした東国政権のようですが、実は東国政権の徳川幕府を倒して薩摩と長州が乗り込んできており、西国政権としての色合いが濃かった。だから、明治維新後、海外への関心が高く、征韓論から日清、日露戦争へと突き進んだのではないでしょうか。

徳川家康はもともと三河《みかわ》武士ですが、たまたま豊臣秀吉に江戸へ移されます。関ヶ原合戦には勝利するが、敗れたとはいえ当時はまだまだ豊臣勢に力があり、政治経済の中心だった大坂で幕府を開けなかった。そこで江戸にとどまり、鎌倉幕府の、領土と米中心のシステムを模範とした。それが功を奏し、徳川幕府は約二百五十年の長期に及ぶ。東国政権の手法は国家統治に適していたのでしょう。

――源平争乱に象徴される武士の台頭には、院政期という時代背景もあると思います。

平清盛や源頼朝とわたりあった後白河《ごしらかわ》法皇ら院政を担った上皇たちは、なかなか評価が難しい。賢かったのか、ずるいだけか。ただ政治的な人物ではあります。

古代から続く朝廷政治は、白河上皇に始まる院政の時代を迎え、狡猾《こうかつ》でしたたかで責任をとらない密室政治と化していきます。己の権力をいかに保つかに汲々《きゅうきゅう》とし、享楽的で腐臭ただよう政治性しかない。公権力としての意識を失っている。

『続日本紀《しょくにほんぎ》』などを読むと、古代の天皇は疫病などに苦しむ民を心配していたくだりがあり、公権力としての倫理性がうかがえる。ところが院政となると、そこを見失って公権力を私権に変え、社会に益しない力になってしまう。朝廷は単なる権力闘争の場となり、台頭する武家と向き合い、朝廷や天皇制を保つことだけが目的と化す。だが逆に、公権力の意識のなさゆえ政治闘争の局面で冷徹に対処できた面もあり、朝廷は生き延びるのです。

源平争乱は朝廷権力の終末期に起こりました。しかし、当時の武士にはまだ国家統一の意識があまりない。自分が知る（東国や西国の）範囲の利害だけしか視野になく、日本全体を国家と意識し、担おうとする感覚は権力者にもまだ芽生えていなかったのです。

第九章　北条政子

――鎌倉幕府の将軍は三代で源氏が絶え、以後は初代・頼朝の妻・政子の実家である北条政権と化していきます。

鎌倉幕府は最初、京都の朝廷や平氏の支配からの独立を志向する東国政権の性格が強かった。それが平氏を滅ぼした勢いに乗って、承久《じょうきゅう》の乱で朝廷を圧倒し全国支配に乗り出します。その中心になったのが北条氏による執権《しっけん》（幕府の最高責任者）体制です。朝廷から幕府へ、京都から鎌倉へ政治の中心が移行する日本の歴史の大きな転換点ですが、一般に北条政権は影が薄い。

理由の一つは、今でも私たちが戦前の皇国史観を通し、それ以前の歴史を見がちなためです。明治維新によって、天皇に反旗を翻した政権、つまり鎌倉や室町幕府への評価は著しく低くなった。織田信長や豊臣秀吉は衰微していた朝廷をもり立てもしたので評価され、一般に知名度も高く、人気もありますが、北条執権体制については明治以降、きちんと評価されていない面がある。

――尼将軍と呼ばれるほどの実力者だった割に北条政子の功績は知られていませ

んね。

北条氏は坂東平氏の中でも小さな勢力。たまたま政子が自分から頼朝のもとに駆け込み、結ばれ、一門が覇権の足がかりを得る。政子の行動力が北条政権を生み出す基になります。そうした女性たちの役割、影響力をもっと見直した方がいい。当時の僧・慈円《じえん》は史論『愚管抄《ぐかんしょう》』に、鎌倉の政子と、京都で後鳥羽《ごとば》上皇の乳母として権勢を振るった卿二位《きょうのにい》（藤原兼子《けんし》）の二人を挙げ、「日本は女人入眼《にょにんじゅがん》の国」と記しています。東西で女性が活躍した時代と、当時から認識されていたことを我々は見落としがちです。

承久の乱は革命

——源家三代の将軍が次々と悲劇的な最期を遂げたため、北条氏には悪役イメージがあります。

頼朝・頼家《よりいえ》・実朝《さねとも》の死には、野心をむき出しにした北条氏の影を感じますが、当時はなぜか表だって攻撃されていない。それは、鎌倉幕府が関東武士たちの、京都から自立したいという欲求で成立した政権だからです。源氏との主従関係よりも、武士たちの利害が優先された。二代・頼家は勇ましい性格で、将軍や執権による支配体制が盤石となった時代なら、はじかれる存在ではない。ところが当時はまだ統治システムが確立する前の有力武士たちの寄り合い所帯、連合政権的な体質が強かった。三代・実朝はおとなしい人だが、それでも幕府内の暗闘の中で頼家の子・公暁《くぎょう》に暗殺されます。

つまり、東国政権にとって源氏の血筋は不可欠の要素ではなかった。実朝の死後、政子の求心力が高まるのは、関東武士の望みを一番理解し、体現するシンボルとなったからでもあります。

――それを象徴するのが、承久の乱に際しての政子の有名な演説ですね。

乱に際して夫・頼朝の功績を説き熱弁をふるった政子は、日本の歴史上、開戦演説をした唯一の政治家でしょう。女性リーダーの叱咤《しった》激励で十九万の大軍が京に押し寄せます。敵は朝廷であり、これはもはや既存の支配階級打倒を目指した革命戦です。関東武士にすれば、公家よりも下位の立場からはい上がれるかどうかが懸かった一戦。朝廷方についた武士もいたが、恩賞目当てだから、意気込みが全然違う。乱の後、幕府は後鳥羽、順徳《じゅんとく》、土御門《つちみかど》の三上皇を流罪にします。天皇を罰することができる力を武士が自覚します。

革命的な合戦で女性が先頭にたった点が面白い。乱後も政子は政権維持のため、京都の摂関家から四代将軍として藤原頼経《よりつね》を迎えるなど方策を巡らします。妻の実家による支配は、歴史的には藤原氏の外戚《がいせき》政策に倣ったものでしょう。二代頼家の娘・竹御所《たけのごしょ》は祖母・政子の庇護《ひご》の下、やがて四代頼経に嫁ぎ、鎌倉幕府は続きます。その後も鎌倉将軍に摂関家、皇族を擁していく。

当時の鎌倉将軍には政子を祖とする女系政権の性格があります。女帝が続いた奈良時代、中国から律令を導入して日本の国家基盤を形成したのに似ている。大転換期の鎌倉に政子が登場し、京都には卿二位がいる。東西に政治を取り仕切る女性が現れた点は、日本という国を考える上で押さえておくべきポイントです。

国の礎作った気迫

――これまでの歴史観には女性の功績を軽視する傾向があるのでしょうか？

妻の立場から皇位を継承した持統天皇のように、跡目争いで男たちが行き詰まった時は女性が継ぐとうまくいく。女性への信頼感のようなものが古来、日本にはあった。特に、この時代の坂東の女性は強い。北条時政《ときまさ》や義時《よしとき》の妻も政権に野心を見せますが、政子がつぶす。女帝や尼将軍が受容されるのは日本が双系制の社会だからでしょう。古代から天皇、皇后、皇太子の三位一体で日本は動いていた。歴史的に女性の地位を認める国だったと解釈できる。

それが、江戸幕府が中国の儒教を取り入れてから、その気風が薄れる。女性の政治を認めない価値観が定着し、それ以前の女性の役割も認めなくなりました。でも日本の家のありようとして、女性の発言権はある程度強かったはず。室町時代の日野《ひの》富子《とみこ》、戦国なら秀吉の正妻・北政所《きたのまんどころ》の影響力は大きかったと思います。

——江戸時代の儒教史観、明治の皇国史観の影響で、歴史上の女性の功績が軽視されてきたわけですね。

十九万もの軍勢を結束させた政子は英雄だし、大将の器だった。気迫こそが、その人のもつ器で、政子の器量が百年以上続く北条政権の基盤を作ったと言えるでしょう。ところが、北条氏はずっと執権のままで将軍にはならない。裏方に徹する。公新興階級である武士たちの自立性を尊重し、その欲求に応《こた》え調整に腐心します。公平さを最も重んじ政権を運営・維持した。そうした体質はその後の日本を長く規定することにもなる。二百年以上続いた江戸幕府も北条氏にならいました。原型は鎌倉時代の北条政権にあるのです。

江戸時代もそうですが、こうした地方連合コミューン体制が日本には合っていた。各地方が自立的、分権的な方が政権が長続きする。また、長く続いた結果、定着した。今でも江戸時代の旧藩意識が各地で根強いでしょう。そういう基盤が鎌倉時代にできました。

その認識の上に、武士の天下になっても天皇制の続いた理由が理解できる。分権がいいのだけれども、国をまとめるシンボルはほしい。だから皇室は続いた。戦後の象徴天皇制は、偶然かもしれないが、日本の伝統にぴったりだった。明治の天皇国家の方が、日本の長い歴史の中では特異だったかもしれません。

フェミニスト

――政子が悪女のように言われる理由に、幕府創業期の骨肉の争いがあると思います。まるでギリシャ悲劇のような生々しさです。一女性としてどんな人だったのでしょう。

確かに当時の坂東は御家人たちが血みどろの抗争を展開します。人間の原型をむき出しにして争っている感じ。感情がストレートで、すごく残酷でもある。でも案外、日本人の原像かもしれません。政子は実家や実の兄弟を頼り、一方でわが息子さえ信じられなくなる。ただ、女の子は可愛がった。特に長女の大姫《おおひめ》をとても大事にします。そこにフェミニスト的な個性を見てとれる。だから女系で政権をつなぐ発想も出た。大姫を亡くした嘆き、悲しみは相当なものだったが、頼家の時はそうではない。夫・頼朝は憧《あこが》れの貴種で愛していたが、いずれ京都へ帰るのでは、との不安を抱えていた。自分を捨てかねない男性への不信感が常にあったのでしょう。京都へ行かせてはダメだという思いが、後の朝廷への対抗心につながったかもしれません。

――奈良時代との共通点として、この時期に鎌倉にも大仏が建立されますね。

鎌倉の大仏は成立がはっきりしないのですが、女帝が続いた奈良時代同様、国内の平穏を祈る思いが込められているのでしょう。鎌倉新仏教の台頭が示すように、当時は天災も多く、末法《まっぽう》の世という不安もあり、宗教に個人の救済が求められるようになります。日本人の精神面の大きな変革期でもありました。建立に政子は関わっていないかもしれないが、女性が政治の先頭に立った時代精神を二つの大仏は象徴しているような気がします。

第十章　天皇と近代

尊皇攘夷

――明治国家の天皇像をどう見ますか。

太平洋戦争後の混乱期に首相を務め、戦後成長の礎を築いた吉田茂《よしだしげる》は『日本を決定した百年』で「明治の国家体制はあくまでも非常時を乗り切るための例外的な体制であり、そのままのかたちでずっとつづけることのできるものではなかった」と記しています。つまり、幕末に帝国主義の西洋諸国から開国を迫られ、対抗のため天皇を核に近代化を進めたが、急造国家だった面は否定できないというわけですね。国防一つとっても徳川幕藩体制では国を守れないという危機感が、薩摩、長州藩などの倒幕勢力を駆り立てます。その政治的熱狂の中で「尊皇攘夷《じょうい》」のフレーズが日本中を席巻《せっけん》しました。明治維新を考える上で「天皇」の存在は欠かせません。

――薩長を比べると、特に長州藩が過激です。その熱源の一つとなったのが吉田

松陰《しょういん》ですね。

松陰は藩の山鹿《やまが》流兵学師範を継いだ軍学者です。幼少から英才教育を受け、当人も相当な秀才ですが、尊皇攘夷への思想的沸騰は唐突な感があります。何が尊攘へ駆り立てたのか。松陰は東北を旅行した際、水戸《みと》に立ち寄っており、そこで尊皇攘夷論の水戸学の代表格、会沢正志斎《あいざわせいしさい》と会い、大きな影響を受けたようです。松陰理解に水戸学は見逃せない。

――徳川御三家、水戸藩の水戸学ですか。

元々、水戸藩は徳川光圀《みつくに》（水戸黄門《こうもん》）の『大日本史《だいにほんし》』編纂《へんさん》事業を通し尊皇思想を育《はぐく》んできた土壌があります。正志斎が尊攘論をまとめた代表的書物『新論《しんろん》』も結局、日本が一番偉い国という考えです。ただ当時の世界情勢をどう理解したかですが、ペルシャやロシアなど七つの大国が争う最終戦争の段階にある、という世界認識を述べています。水戸学は偏狭なイデオロギーと見られがちですが、現代から振り返れば、大国が植民地支配を巡って争っているという時代認識はさほど間違ってはいない。西洋の文献などを通し、水戸学を始め幕末の知識人には共通理解として、対外的な危機感があった。特にアヘン戦争以後ですね。当然、幕府も同様です。

――一八五三（嘉永《かえい》六）年のペリー来航を機に尊攘思想が日本中で吹き荒れるイ

メージがあります。鎌倉幕府が武士の覇権を確立して以来、約六百五十年ぶりに天皇の存在に脚光が集まります。

当時、最も活動をエスカレートさせ、時代を引っ張ったのは水戸藩です。御三家として一番幕府に近い存在で、徳川将軍家に対しても恐れずものを言う。幕末動乱の序盤は水戸勢が牽引《けんいん》し、各藩に尊攘派が生まれます。松陰も影響を受けた一人で、先端だった尊攘思想を長州に持ち帰りました。

――その後、松陰は思想的にどう飛躍していくのでしょう。

やはり軍学者だから松陰はリアリストです。武士の教養だった儒学で育ち、水戸学の世界認識から列強への危機感を募らせ、国防には水戸学だけでは足りないと、洋学者の佐久間象山《さくましょうざん》に弟子入りしたり、攘夷を唱える一方で西洋技術を学ぼうと米国艦での渡航を企てます。松陰は危機感からいろんなものを吸収する。やがて本居《もとおり》宣長《のりなが》らの国学の思想を取り入れ、列強に統一国家として対抗するには幕藩体制では無理で、天皇しかないと、『古事記《こじき》』の世界を丸ごと信じるようになる。信じないとやっていけないところまで思想的に沸騰し、言動も過激化していきます。

――松陰は日米修好通商条約調印の翌一八五九（安政六）年に刑死しますが、以後ますます情勢は煮詰まっていきます。

その翌年には水戸の尊攘派が桜田門《さくらだもん》外の変で幕府大老の井伊《いい》直弼《なおすけ》を襲撃する。あれも水戸だからできた。他藩なら、たとえ脱藩者の事件といえど、公儀に対する攻撃はためらったはず。外様《とざま》藩なら取りつぶしもありえた。

長州も水戸と盟約関係にあり、攘夷に走る。長州藩の重役・長井《ながい》雅楽《うた》が現実主義的な航海遠略策《こうかいえんりゃくさく》（朝廷と幕府の公武合体と開国の促進）を唱え、一度は藩論となりますが、尊攘派がつぶします。そうして禁門《きんもん》の変をピークとする過激な尊攘運動の先頭に立つ。一方、水戸藩には御三家の限界がありました。水戸学の「尊皇」は、徳川幕藩体制と両立するもので、薩長のように倒幕までは振り切れない。内部対立が激化します。やはり将軍家にも中央政局にも近すぎた。

長州藩は思想的暴走の面だけではなく、ライバル薩摩藩への対抗としてのマキャベリズム、政局的な姿勢からも尊攘で走り続ける。侵略の危機という現状認識もあり、幕府に代わる、統一国家の核として「天皇」の求心力は高まっていきました。

――松陰には教育者としての評価もあります。

教育者としての魅力は、その主張を自ら実践している点です。過激な言動から度々、獄にも入りますが、口先だけではないことを見せている。だから思想家というより、ジャーナリスティックな運動家と見た方がいい。行動で自分を表現するから、説得力がある。自分の一生をもって一編の詩を書いているような人です。影響力は抜群で、その後、松陰ゆかりの木戸孝允《きどたかよし》、伊藤博文《いとうひろぶみ》、山県有朋《やまがたありとも》らが明治国家を作っていきます。

奇兵隊のルーツ

――松陰の弟子の中で、幕末に活躍したのが高杉晋作《たかすぎしんさく》でした。

晋作は、志士活動の中で上海《シャンハイ》に渡り、社会や植民地の現実を見たことが大きかった。当時の清国（中国）では太平天国《たいへいてんごく》の乱が起きていました。キリスト教信徒の組織「太平天国」による宗教一揆《いっき》的な側面がありますが、「滅満興漢《めつまんこうかん》」という、満州《まんしゅう》族（清朝）支配への漢民族の反抗でもあった。太平天国は弁髪や纏足《てんそく》の抑圧的風俗を改め、女性も科挙《かきょ》で官僚に登用します。

当時、英国が支配した上海で、晋作は清朝の対応に注目したと思う。清国は、アヘン戦争以来の西欧によるアジア侵略の象徴でした。外国勢に対する政府の弱腰を見て、民衆こそが立ち上がらないとダメだと、晋作は上海で痛感したのではないか。清朝に徳川幕府を重ね、外国への弱腰が侵略を招くと考えた。晋作が組織する奇兵隊はそもそも諸外国と戦う国防軍的存在でした。晋作がマゲを結わなくなるのも、弁髪をやめた太平天国の影響かもしれない。

――四境《しきょう》戦争（第二次長州征伐）を指揮し、幕府軍を破った晋作は軍人としても才があったのでしょうか。

軍人と言うと軍事官僚的だし、武士らしいと言えば武士らしい。しかし、藩内クーデターを起こすなど、本質は蜂起《ほうき》する人。革命の中で軍事的に必要とされる人材ですね。また、志士の中ではアジア的広がりのある構想を持ち得た人だったかもしれない。

それと何より、直観の人です。理論でどうこうではなく、直観で動いたリアリスト。武士が藩に縛られた時代なのに結構、自由自在に動く。リアクションで動いてますね。激動する情勢下での反応、行動の勘がものすごく鋭かった。

統一のシンボル

――幕末から維新にかけて、天皇の存在感は急激に高まってきますね。

江戸時代末期になると、朱子《しゅし》学や国学の進展、水戸藩による歴史書『大日本史』

の編纂作業などの中で、天皇の存在が浮かび上がってきますが、政治的な熱を帯びて勢いが出てくるには、単なる尊皇論だけでは無理で、やはり「尊皇攘夷」というフレーズがあったからです。「尊皇攘夷」は古代中国で、周《しゅう》王朝を尊び、外敵の蛮《ばん》夷《い》を打ち払うという考え方で、斉《せい》の桓公《かんこう》が唱えています。国防意識が目覚めてきた際に、尊皇論がそれと結びついたのです。

江戸時代の日本は統一国家ではありませんでした。それぞれが治外法権的な各藩から成る、いわば分権的な連合地域コミューン国家でしたから、一国全体にまたがる国防の課題には対応できないのです。各藩は徳川家に仕えていますが、例えば徳川家の直轄領である天領は守るとしても、他の藩まで守ろうとはしない。では誰が国全体を守るために出て行くのかとなると、国全体の統一的な君主が必要となります。それは徳川家では無理で、天皇しかいない。そうした国防論議の中で天皇の存在が浮上したと思います。

――攻めてくるかもしれない外国の姿を見て、あわてて統一国家の意識が芽生えて、君主を作り出したのですね。

吉田茂の『日本を決定した百年』の中には「明治の国家体制はあくまでも非常時を乗り切るための例外的な体制」と分析する記述があり、なるほどと思いました。

当時の国際情勢を見てみれば、ヨーロッパの大国には皇帝がいた、だから統一国家には皇帝がいる、と考えるようになり、「日本の皇帝」という形で、「明治の天皇」が作られたのではないでしょうか。司馬遼太郎は海音寺潮五郎との対談の中で「明治以後の天皇制は、結局、土俗的な天皇神聖観というものの上にプロシャ風の皇帝をのっけたもので、きわめて非日本的な、人工的なものです」とまで指摘しています(『日本歴史を点検する』)。

――黒船来航に対する危機感と、幕府の「弱腰」に対する危機感が、相乗効果で盛り上がったのでしょうか。

吉田松陰もそうなのですが、最初は攘夷《じょうい》のための尊皇でした。それが不思議なことに、途中から尊皇のための攘夷になる。なぜか分からないのですが、「日本は尊い国なんだ」とみんなで言っているうちに、本気でそう考えてしまうようになる。攘夷よりも尊皇の方がメインになるのです。「攘夷のために天皇を利用する」という理性的な考え方では、政治的になかなか盛り上がらない。「天皇はもともと偉かった」「天皇がいるからアジアの中でも日本は優秀なんだ」という考えを信じて盛り上がるのです。

実際に各藩をまとめて全国的な戦いを指揮する存在は天皇しかいない。例えば長州藩から将軍を出したとしても、東国の各藩は誰も言うことを聞かないでしょう。その後の戊辰《ぼしん》戦争でなんとか終わるのも、天皇をシンボルにした上で相手を「朝敵」と表現するから、勝ち負けの理屈が一応つく。そうでないと、どちらが強かったかだけの話で終わってしまいます。そうした政治的な存在としての天皇についての考え方は、日本人が自然にもっていた天皇への崇拝感覚とは異質なものです。もともと天皇に対しては普通の崇拝感覚をみんな持っていた。神社の前に立ったら自然と頭を下げる、そんな感覚です。後の時代の、国家的な、戦争へ駆り立てるものではなく、もっと自然な存在でした。

――宗教カリスマとしてまつるのが一番収まりがよかったのでしょうか。

ローマ教皇みたいな、宗教的なカリスマが天皇にはもともとあった。しかし明治維新で、天皇がそうした統一のシンボルとしての政治的存在に、即座になり得たわけではありません。明治政府が一から作りあげなくてはならなかった。ただ、明治天皇にはそれに応《こた》えるだけの個人的力量がありました。そして、そういう存在は、日本にとって日露戦争のころまでは必要だったと思います。ロシアが南下してきた中で、日本が今のような形で独立国家としていられたかは微妙な問題だったと思います。簡単に植民地になっていたとは思いませんが、明治国家でなければ主権を侵されるところはあったかもしれない。

――維新後、日本は急速に近代化しますが、それも天皇という求心力があったからできたのでしょうか。

明治維新を担った政府首脳の指導力の強さにも注目したいと思います。それがなければ、天皇を求心力のある存在にすること自体が難しかったと思います。ただ、政府首脳たちも、天皇について最初からそうしようと思っていたのではないでしょう。もともと薩摩・島津《しまづ》家や長州・毛利家などに仕える武士だった彼らが、藩主に逆らう行動をとるとか、廃藩置県で藩主の土地を取りあげるなんてとんでもない話だったはずです。しかし明治維新という革命をやり遂げるためには、彼らにとって天皇が必要だった。いわば倫理的な保証でした。本来なら彼らは「不忠者」になるはずだった。その論理を超えるのが天皇だったのです。彼らも天皇でやっていくしかなかったという感じがします。

――そういう意味では「天皇制」って、すごく長く続いてきましたけれども、時代ごとに「天皇制」の実態は変わっていますよね。

よく「天皇論」として、さまざまな時代をまとめて議論されることがありますが、私は成り立たないと思います。時代によって天皇は意味が違います。例えば古代の天武天皇から昭和天皇まで、トータルに議論するのは無茶だと思います。常にあった国家統一のシンボルでしたが、そのニーズが時代によって違っていた。江戸時代は祭祀《さいし》を行い、武家に位を授ければよかった。しかし幕末から明治にかけて、グローバリズムの中で世界に乗り出さなくてはならない時に、天皇への期待がすごく高まった。権力者にとっても自分の行動を正当化し保証するのは天皇しかなかった。日本という国の本来の意味での象徴として形成されてきたのが天皇と考えてもいい。もっと素直に、歴史の流れの中で考えた方がいいと思います。

――素直に歴史を見つめるといっても、最近は自分の見たいものだけ見るという歴史観が強まっているようにも見えます。

先ほどの『日本を決定した百年』には「戦後の日本においてなしとげられたことは、ある意味では明治の日本においておこったことの再現であり、ある意味では明治の日本において始められたことの完成であった」とか、敗戦後の日本人について「攘夷に失敗して西欧諸国の力を知った武士たちがあっさり開国に踏み切ったように、戦争に敗れた日本人はその敵の美点を認めた」として「GOOD・LOSER（よき敗者）」としています。なかなか示唆に富む考え方だと思います。例えば戦後の憲法を「押しつけ」と批判する考え方もありますが、当時の日本人はむしろ敗北を受け入れて、自分なりに自分たちの道を歩み出したのだと思います。

見たいものだけ見て、それ以外は排除して歴史を見るのではなく、自分たちがやってきたことを素直に評価していくことが大事だと思います。ごまかさず、捏造《ねつぞう》せず、正しく学び知ろうという努力を続けていけば、自分たちが生きていく道が浮かび上がると思います。それが歴史に対する自分たちの誠実さであるし、親や祖父、先祖、過去の人への真摯《しんし》な向き合い方だと思います。

第十一章　真田幸村（信繁）

――大河ドラマにもなった真田《さなだ》幸村《ゆきむら》（信繁《のぶしげ》）ですが。

真田幸村は江戸の昔から大衆人気がありました。当時の大衆人気とは、つまりは反徳川です。幸村は反体制の英雄、抵抗のヒーローなんです。それが一番面白く出ていたのが、劇作家・福田善之《ふくだよしゆき》さんの芝居「真田風雲録」（一九六三年）でした。ちなみに福田さんは、大河ドラマつながりでいいますと、緒形拳《おがたけん》が秀吉をやった「太閤記」（一九六五年）で竹中半兵衛《たけなかはんべえ》役をやった人です。「真田風雲録」の主人公は真田十勇士。六〇年代安保で国会に突入しようとして挫折《ざせつ》する、当時の学生たちの姿を十勇士に重ねています。大坂の陣では、真田丸を築いて籠城《ろうじょう》戦を戦いますが、あれは六〇年代安保闘争のバリケード戦に繫《つな》がるものなんですね。ここで出てくる幸村は、実はあんまり格好よくないんです。周囲から押され、やらなきゃならないのでやるけれど、見てくれもくたびれた大学教授のようで、最後も格好悪く死んでいく。映画では千秋実《ちあきみのる》が演じています。

――大衆の人気を集めた理由はどこにあったのでしょうか。

幸村人気というのは、元々は大坂、近畿が中心でした。それはつまり、徳川政権ができてかつて政治文化の中心だった近畿が時代の中で置いていかれる。京や大坂の人たちには忸怩《じくじ》たる思いがあって、そんななか、幸村は徳川創業者の家康をやっつけるというかっこいい役割を担い、しかも最後は果敢に挑んで敗れ去っていく。まさに物語のなかのヒーローなんですね。大坂の陣の活躍が軍記物や講談、絵双紙などで広く読まれ、庶民にとってお馴染《なじ》みの存在になりました。明治以降も立川《たつかわ》文庫の講談文庫となって、真田十勇士の格好よさもあって一大ブームになったわけです。私なんかだと、漫画で読んだのが最初でしたが、いまだに真田十勇士をぜんぶ言えますよ。

――葉室作品では『無双の花』に幸村が出てきます。

『無双の花』は豊後《ぶんご》の戦国武将、秀吉に「西国一の勇将」と称された立花宗茂《たちばなむねしげ》を描いたものです。宗茂と真田幸村、あと伊達政宗《だてまさむね》も、彼らはみな同じ一五六七年の生まれなんですね。関ヶ原の戦いで負けた者同士ですが、その後、宗茂は立花家復興のために生き、一方の幸村は自らの名を上げるため豊臣につきます。対照的な生き方をした二人ですが、この時代にあった伊達に生きる男の典型がそこにあるように感じます。徳川という安定政権に対する前時代的な懐かしみと、反体制的なロマンティシズムが。

――幸村の歴史的評価はどうでしょう。

幸村というのは、歴史のなかで何か時代を動かしたといったことはないんですね。ただその存在には、江戸時代を通じて民衆が仮託する何かがあった。彼は関ヶ原のあと、流人となって九度山《くどやま》に蟄居《ちっきょ》し、後に大坂に出て来る際は山伏の格好をしてきたという話もあります。いわば庶民の中から出て来ています。根強い人気のある源義経もそうですが、町人階級好みのヒーローといえます。江戸時代というのは、歴史を劇場というかドラマ的に理解するところがありました。例えば忠臣蔵。事件のあと、すぐに浄瑠璃《じょうるり》になって、あっというまにドラマとして民衆に消費されました。そういう意味では、幸村の生い立ちは実にドラマ的です。庶民に紛れ、そこから表舞台に出ていき、寡兵をもって大兵を制し、最後は華々しく散る。浪漫の系譜にあり、伝奇的な素材にあふれています。十勇士にも繋がってくるものですが、信州の山中にあっては修験者《しゅげんじゃ》や忍者といったまつろわぬ者たちと自然に結びついていたり、土地に縛られずに流れていったり、そこにひとつの普遍的な共感があるのだと思います。固定的な農村社会における流浪する存在への敬愛、憧《あこが》れ。こういう稀有《けう》な人物はあまりいない。

熟年のヒーロー　サラリーマンの夢

――活躍する大坂の陣の時、幸村はすでに五十歳近かったんですよね。

潑剌《はつらつ》とした反体制のヒーローのイメージがありますが、実際にはもう初老でした。真田の名を轟《とどろ》かせたのは父親の昌幸《まさゆき》で、幸村自身は大坂に入る前は取り立てて武功もなかった。大坂入りした時は、「あの昌幸の……」という父親の名前に依《よ》って立つ部分が多かったものと思います。しかし、戦ってみたら、非常に有能で仕事が出来る男だった。真田丸を築いて独立した戦いを展開しますが、使われるのではなく、自分は自分の戦いをするという老練な矜持《きょうじ》を見せます。そこが、後藤又兵衛《ごとうまたべえ》など他の大坂方の武将たちの人気が幸村に及ばない理由でしょうね。強いし、華々しい最期を遂げるけれど、豊臣のイチ武将にすぎないといいますか。

――大河ドラマで人気に火がつきましたが、父・昌幸については？

乱世をしたたかに生きた人ですよね。戦術家としては真田家のなかでも実践的に優れていて、小国として生き延びる知恵を持っていた。徳川、北条、上杉と大国に囲まれながらも、彼らの間をあっちにつきこっちにつきと縦横無尽に泳ぎ渡り、滅ぶことなくきっちりと生き延びた。当然、方々から悪く言われるわけですが、よくみていくと猛烈な批判に晒《さら》されるようなことはないんですね。最終的には徳川にはつかないという妙な反骨心があったからでしょうか。昌幸が持っていたものは幸村にも引き継がれていたと思います。根底にあるのは、博打《ばくち》好みというか、強いやつにつかないほうが儲《もう》けが多いという思想。

――現代社会でも通じそうな話ですね。

幸村は次男で、真田家は嫡男の信之《のぶゆき》が継ぐと決まっていた。要するに家来になるしかなかったのです。そういった状況から、幸村はたまたま大坂でチャンスに巡り合う。そしてチャンスが訪れた時、彼には才能があり、それが十二分に発揮された。現代に置き換えれば、サラリーマンの夢でもあるんじゃないですかね。誰もが望むような仕事、立場、機会に恵まれるわけではありません。しかも五十歳になり、定年も見えてくるなかで。やりきったあと、「日《ひ》ノ本《もと》一の兵《つわもの》」なんて言われるわけですからね、こういう面白い人生もあるんだな、としみじみと思います。自分を発揮することなく中年まで来てしまった、という人たちには、わかる部分があるんじゃないですかね。

第十二章　千利休

——海音寺潮五郎『茶道太閤記』から山本兼一《やまもとけんいち》さんの直木賞受賞作『利休《りきゅう》にたずねよ』まで、千《せんの》利休は小説のかっこうの題材となっています。

なぜみんな利休を書くか。これだけ書き尽くされていて、新しい手を考えてみても山本兼一さんの『利休にたずねよ』がある。存在としては、時代ごとに考えられてきた人物のように思います。まずは、秀吉という権力者に対抗する芸術の人という見方。商人としてみると、堺《さかい》の商人が政権に近づいていくという「死の商人」のイメージがあります。

利休が体現する茶や禅というものを繙《ひもと》くと、これらは中国から来たもので、根っこは宋の時代まで遡《さかのぼ》ります。蒙古《もうこ》に追いやられ、宋は海外の友好国を多く持つことで生きながらえようとする。そこで活躍するのが禅僧。キリシタンにおけるイエズス会の役割ですね。禅僧が外国との折衝、貿易を担い、茶や禅がその媒介として使われる。日本では戦国末期において、茶は結局は権力者の独占するものとなります。いわば運動のなかから出てきたもので、一ヵ所の土地から自然に育っていったものではないんですね。

――そう聞くと、茶というのは極めて政治的な存在に感じます。利休にとってもそうなんでしょうか。

利休は、美や価値をほとんど独断と偏見で決めてしまいます。前から思っていたことですが、利休がつとに好んだ黒楽茶碗《くろらくぢゃわん》は果たして美しいのだろうか？　いま小《こ》堀遠州《ぼりえんしゅう》のことを書いているんですが、執筆の最初の動機にこの疑問があります。人が美しいと思うものは、もっと本来的に綺麗《きれい》なものですよね。器自体が存在を主張するものを、綺麗と思えるかは微妙なところです。「美とは恐ろしいもの」、そんな文学的な表現で曖昧《あいまい》に片付けることもできるかもしれませんが、そこにある自己主張とはどのようなものかと私は考えます。日本は戦国期、海外との交易などでルネッサンス的な近代化をしていくなかで「個人」というものが現れ出た。茶人というのはみな個を出しますよね。「私が美しいと思うのだから美しい」と。日本人でこれだけの自己主張をする存在は極めて稀《まれ》。美意識と重なり合っているからこそ、権力にも逆らう。利休はその最初の人といってもいい。

――いわば美のプロデューサーですね。

そうですね。それまでは分野ごとにわかれた職人という存在がいましたが、全体的な美の空間プロデュースをした嚆矢《こうし》じゃないですかね。全部を自分で決める。値段まで決める。その自我の根拠はどこにあるのか、普通の人間にはそこまで思い込めない。最初の疑問の答えになるかわかりませんが、利休は近代になるほど小説として書きやすい人間のように思います。ヨーロッパの小説に出てくる、アクが強くリアリズムの感覚を持ち合わせていて、同時に権力にも近づく。強烈な美意識と自負をもって世の中が見えているから、なぜアナタはこれが分からないのか、となる。日本の歴史上の人物でいえば、信長もその類《たぐ》いの人間です。そこに魅力があるのでしょうね。

権力とカリスマの相克

――そんな人物が、切腹というドラマチックな最期を迎えます。

秀吉との間には、権力者と芸術家の濃密な相克が感じられます。そこからなぜ切腹という結末に至ったか、それが私にはよくわかりません。戦国のルネッサンス期のただ中にいた人間像です。世に躍り出る人間はみな、小さな領域のなかで生きるのではなく、荒々しく殻を打ち破って出てくる時代。秀吉という権力に近づいた利休は、乱世を生き抜いた戦国大名たちと直に接するわけですよね。大名はいまでいうところの政治家、権力者ですが、一方で生き抜くために人殺しをしてきた者たちともいえます。それに向き合う利休もただの商人、芸術家であるはずもなく、人間としての強い熱を放っていたはずです。絵の具でいえば原色で厚塗りされた強烈な個性。それが利休の茶を支えていたんでしょうし、権力者に対する説得力になっていたんだと思います。

――利休は類《たぐ》い稀な存在に窺《うかが》えますが、日本人の典型になりうるのでしょうか。

人々が何かを仮託する対象ではなく、日本人の胸のなかにあるひとつの憧憬《しょうけい》ですよね。揺るがない自己を確立し、強い力に抗《あらが》う。かくありたいというのではなく、自分がなれるかどうかは別問題でその存在を認めざるを得ないという。こういう人物を現代ではカリスマと呼ぶのではないでしょうか。

第十三章　忠臣蔵

――江戸時代の庶民の娯楽ナンバー1、忠臣蔵の人気の秘訣《ひけつ》は？

忠臣蔵には庶民の願望が詰まっています。真田幸村人気にも通ずるものですが、江戸期は東国政権で、西国は放っておかれる。そんななか、西国播磨《はりま》の武士たちが、江戸で権力の椅子に座す吉良上野介《きらこうずけのすけ》を討つ。この構図が、特に大坂の庶民の心を摑《つか》んで拍手喝采《かっさい》となるんですね。赤穂事件の様々な事柄が想像力を掻《か》き立てるもので、芝居になりやすく、庶民のほうから積極的に「忠臣蔵」という物語を創作していったんです。例えば、大石内蔵助《おおいしくらのすけ》が京都山科《やましな》に隠棲《いんせい》した際、芝居では祇園《ぎおん》の一力《いちりき》茶屋で放蕩《ほうとう》しますが、実際にはそんな高いところで遊べるはずがない。そこには庶民の願望が投影されており、大石内蔵助＝大星由良助《おおぼしゆらのすけ》という英雄像が作られていきました。

――庶民の英雄になるとはどういうことなのでしょうか。

現代に置き換えて考えれば、内蔵助は倒産企業の役員が東京で事件を起こしただけといってもいい。が、地元に帰ってきたら大人気になって、それが全国に普及していく。何がそんなに心を摑むのかというと、武士階級の人間が庶民に入っていくというのが大きいんですね。堀部安兵衛《ほりべやすべえ》のような名のある武士も、町道場を開いたり、内職をしたりと人々の生活の中に溶け込んでいった。そんな彼らが権威権力を恐れずに仇討《あだう》ちを果たしたとなれば、庶民としては、それはもう応援しなきゃとなるんですね。

また、当時の元禄《げんろく》という時代の背景もありました。元禄は庶民町民の時代で、大きな事件が起きるとそこに幻想を見る、つまりそれを楽しもうとしました。いまでいうと、大きな事件が起きるとテレビや週刊誌が様々なかたちで報じ、一種の娯楽としても消費されていき、実際のものとは違ったものになっていく。劇場型犯罪のような感覚でしょうか。元禄当時は、芝居というのが庶民にとってのひとつのメディアになっていたんですね。

――忠臣蔵では、仇討ちだけでなく、サイドストーリーも豊富にあります。

物語の主役は遠い西国の住人たちで、彼らが江戸に出て行く経過もお話になりました。本筋の仇討ち物語だけでは飽き足らず、外伝のような楽しみ方もしていったんですね。義士たちの家族、恋人、友人たちのことまで知りたくなり、話がどんどん広がっていく。それぐらい夢を掻き立てられ、想像を膨らますことのできる事件だったんですね。そのベースには、体制への批判という庶民の感情があったと思います。

――葉室さんも『花や散るらん』や『はだれ雪』で忠臣蔵に題を取っていますね。

『花や散るらん』では忠臣蔵を朝廷と幕府の対立と捉《とら》えて描き、『はだれ雪』では浅野《あさの》内匠頭《たくみのかみ》が切腹直前に言葉を交わした幕府の目付役《めつけやく》が主人公の物語を書きました。忠臣蔵が人々に受け入れられるもうひとつの要素として、季節感というのがあります。内匠頭の刃傷《にんじょう》事件が三月で、討ち入りが（翌年の）十二月、そして義士たちの切腹が二月。春に始まり、最後は雪で終わる。『はだれ雪』を新聞で連載していた時は、実際の季節の移ろいに合わせて書いていたんです。

誰も気付いてくれませんでしたけど……。赤穂義士のなかに俳句をやる人がいて、随所に季節の句が入ってきますし、俳諧《はいかい》師の宝井其角《たからいきかく》とも交流があったりします。さっきも言ったように元禄は町人文化が花開いた時代で、忠臣蔵は庶民の文化と密接に繋《つな》がっていたんですね。

隠しテーマは日本人のリーダー像

――多くの登場人物が出てきますが、キャラクターの書き分けもできていますよね。

そういう意味では物語の理想型になっていて、庶民が娯楽のために作り上げた物語であるからこその特徴だと思います。庶民、町人階級が確立されていった頃で、彼らは刀こそ持ちませんが、お金は持っていて経済的にも文化的にも余裕がありました。何より切腹しなければならない武士階級の人たちを俺たちが助けるんだ、という充足感のようなものが生まれ、物語の登場人物たちにはかなりの愛情を注いでいるように感じます。

もうひとつはスキャンダリズムで、武士階級のスキャンダルを消費することで欲求、欲望が満たされる。現代でいうと、政治家の下半身スキャンダルはみな大好きですよね。武士、つまりは権力、体制への庶民の見方が反映されています。それは義士たち当人が意図したものでは当然なく、庶民の豊かすぎる想像力の産物といってもいいでしょう。

――娯楽、スキャンダリズムとして消費されながらも、三百年の時を経て古典的価値をもって残っています。

それを支えたのは大石内蔵助という個性だと思います。普通なら仇討ちがうまくいかなければ、すぐに諦《あきら》めて武士をやめるか、もしくは武士の体面を保って切腹してしまうものですが、内蔵助は一年以上にわたって引っ張ります。堀部安兵衛ら急進派から脅迫に近い突き上げをくらいますが、我慢強く彼らを鎮撫《ちんぶ》します。引っ張るだけ引っ張った末、引っ込みがつかなくなってしまったというのもあると思いますが、最後は決然と討ち入りを決めます。短兵急で淡白で、やってしまってすぐに飽きるというのではなく、どこまでも粘り強くやる。日本人離れしていますよね。忠臣蔵の隠しテーマは、大石内蔵助のリーダー像と言えるんではないでしょうか。

――日本人が好むリーダー像とは違うように感じますが。

日本人の好むリーダー像は大きくいえば二つ。寡黙で多くは言わないけれど、しっかりと引っ張っていってくれる不言実行タイプ。西郷隆盛のような。または、自己主張が強く、打てば即座に響く、攻めに強いカリスマタイプ。信長や秀吉がそうですね。内蔵助はそのどちらでもなく、まず皆の話を聞く、聞いておいていったん話を収め、結論は引っ張る。といっても何を考えているか知れないわけではなく、求められればちゃんと説明もしてくれる。その上で、最終的な判断は自分の中にあり、肚《はら》が据わっていて動じない。自己アピールが大事とされる現代では、なかなか浮上してこないタイプかもしれません。攻めの時代のリーダーではなく、守りの時代のリーダーなんだと思います。保守的に閉じこもってしまうのではなく、引きの姿勢でありながら機会とみれば攻めていける。

内蔵助の立場にあると、仇討ちに出ていけば、うまくいっても失敗しても、かなりの確率で死が待っているわけですよね。その怖さを考えると、彼の姿勢は奇跡的に思えます。恐怖心を克服するには、突発的にうわーっと出ていってしまうのが楽だったはずです。でも内蔵助は動かない。仲間を抑えながら安易に死なせず一年以上引いたままで、なおかつ目的のために前に進もうとする勇気は相当なものです。一瞬の勇気、瞬間的な昂揚《こうよう》に身を任せての勇気というのは案外出せるものですが、平常心を保ったまま、いわば日常の勇気というものを内蔵助は持っていた。理想像ではありますが、決して日本人にいないタイプではありません。歴史を繙《ひもと》いていけば、先の見えない時代を生き抜くリーダーの姿が見えてくると思います。

第二部

第一章　大坂の陣四百年

福田千鶴（ふくだ・ちづる）
九州大学基幹教育院教授。一九六一年福岡県出身。九州大学大学院、東京都立大学助教授、九州産業大学教授などを経て現職。著書に『御家騒動』『淀殿』『豊臣秀頼』『後藤又兵衛』など。

秀頼の実像

――関ヶ原の戦いから大坂夏の陣まで十五年。この長い期間について、どのように位置づけていますか。

葉室　結局は豊臣家をどう評価するかの問題になると思います。豊臣も公儀と考える学説もあるようです。というのも関ヶ原とは、豊臣株式会社の創業者社長が亡くなった後の役員間の争いでした。徳川家康が全部を仕切る最強の役員なのに対し、石田三成は秘書室長兼営業本部長的な、役員の下の部長クラスでしょう。そんな関ヶ原では、結局豊臣系の武将たちが戦うので、家康にとっては勝ちきれない形で終わります。体制としては不安定なままだったと思います。

――豊臣も公儀とするなら、やはり鍵《かぎ》を握るのが秀頼です。従来、秀頼は軟弱とか、母・淀殿《よどどの》の言いなりというイメージがありましたが、福田さんは最近の著書『豊臣秀頼』で、新たな実像を示しましたね。

福田　今回私が注目したのは、慶長十六（一六一一）年に家康と秀頼が京都・二条《にじょう》城で対面した、いわゆる「二条城会見」です。従来は、秀頼が家康に対して臣従の形をとったので、とりあえず対立を回避した、とされていました。しかしそれではなぜ大坂の陣が起こるのか分からない。そこで私は、秀頼が軟弱な人間ではなく立派な成人に育っていた点を指摘しました。家康との贈答儀礼や書状のやりとりなどから、秀頼が一筋縄ではいかない人間に育っていることが、家康にも分かってきたのだろうと。そこから家康も、そして秀頼も「いずれ戦いは起こる」と準備を始めたのではないかと思うんです。そして三年後に大坂の陣が起こるのです。

葉室　秀頼は領地の検地もやっているんですね。

福田　検地で年貢を把握しています。年頭のあいさつでは秀頼が朝廷に名代を派遣すると朝廷も返礼の勅使を派遣しただけでなく、二条城会見後は公家《くげ》や寺社からも次々と年頭のあいさつに来る数が増えてきます。家康としては相当焦ったと思うんですね。大坂の陣後は徳川家の支配となったため、豊臣側は関ヶ原後には存在感が何もなかったかのように考えがちですが、そういう視点で秀頼を見直す必要があると思うんです。

――秀頼が大きくなって、家康は秀吉の影を見始めて、これは最後にはやっつけなきゃだめだ、と考えたのが大坂の陣でしょうか。

福田 そうですね。秀頼が京都で育ったのが大きいと思います。一流の教育者に教えをうけ、文化的にも人間的にも、立ち回りの所作などにも、それなりにオーラを放っていたと思うんですね。体格も立派で、書も達筆です。

葉室 プライドもあった秀頼にとって、武家という意識と、公家という意識と、どちらが強かったのでしょうか。

福田 私は武士の意識が強かったと思います。慶長十二（一六〇七）年に右大臣の職を辞しているのですが、その後は就こうとしていない。関白《かんぱく》の職が公家に戻される中で、官位では今後自分がいくら高いところに上っても、家康との関係では天下人にはもうなれないと考えたと思うんですね。武家としてトップにたつ天下人にならねばならない。それにはやはり武力だと、そういう意識が強かったと思います。一方で、家康は自然と豊臣家がなくなっていく可能性にも賭《か》けていた。ところが二条城会見で、「ああ、これは自然消滅しないぞ」と家康が分かった瞬間に、攻めに転じたと私は思うんです。

葉室　そもそも秀頼がちゃんと育つかどうか、本当はあやしいものであって。

福田　その通りです。

葉室　戦国の世の中を見てきたから、子どもが必ずしもちゃんと順調に生育するとは限らないぞと考えたのではないでしょうか。ところが秀頼はちゃんと成長して、しかも大きな体で。あれは家康にとっていやだっただろうなと。

福田　あんなにかわいい、ちっちゃな秀頼だったのに、久々にあうと想像以上に立派な大男になって。

葉室　ちっちゃかったと思うから許してやってきたのに、こんなに大きくなったのかと。

——二条城会見までは、家康は秀頼を懐柔しようとしていたのですか。

福田　いや、無視しようとしたのだと思います。秀頼へはあいさつにもいきませんし、大坂にも近づかない。秀頼の方はちゃんと家康に年頭の使者を派遣して礼を尽くしているのですが、家康の方は、関係を持とうとしない。アンタッチャブルみたいな形で、さわらないで自然と消えてくれたらありがたいと思ったのでしょう。

葉室　家康は秀吉から秀頼のことを頼まれましたが、そのことが多少心に残っていたのでしょうか。

福田　残っていたと思います。

葉室　やはり人と人とのつきあいだから、面と向かって頼まれたら、家康もそうむげにもできなかったと思うんですね。だから待った。待ってみたら案外成長していて、これはやばいなと。その時点で家康も自分の寿命があと何年と計算しているから、死後はうちの息子・秀忠《ひでただ》でなんとかできるかと考えたら、いやこれではだめだと。秀頼対秀忠の構図になったら、もう分からないですよね。

福田　分からないですね。

葉室　果たして秀忠が全国の大名を掌握して、大坂城を攻められるか。仮に攻めたとしても、実際にそうであったように冬の陣で攻め切れなかったから、そこでバラバラになったのではないか。

福田　家康が大坂の陣で軍勢を集めるときも、みんなが「家康にご恩がある」ということで集まってくる。「秀忠にご恩がある」とは誰一人言わない。仮に家康が死んだとして、秀頼が「太閤《たいこう》のご恩があるでしょ」と言い、秀忠が「家康のご恩があるでしょ」と言った時、どっちが重要か、となりますよね。

――今の社会でもいえますよね、二代目に義理はないと。

葉室　二代目対決になっていたら、秀頼に分があっただろうと思うんです。秀頼が小さいときから各大名には「主君ですよ」と刷り込ませているわけですから。それに比べれば秀忠は……。

福田　キリシタンの史料では、単に武蔵《むさし》の王と理解しています。

葉室　私たちは江戸時代を通して見てしまう。徳川史観なんです。だから秀頼を軽く見てしまう。しかし実際に勝負となったら、違ったのでしょうね。

――秀頼が本当に秀吉の子なのか疑問視する説もありますが。

福田　秀吉と、秀頼の母・淀殿が別々の場所にいたのなら妊娠の可能性はないでしょうが、朝鮮出兵の拠点・名護屋《なごや》城（佐賀《さが》県）に淀殿が秀吉と一緒に在陣し、妊娠したことを示す確かな一次史料がある以上、同時代の人々は秀吉の子と考えるしかない状況にあった。加えて、その後の政治史は秀頼実子説で動いていった点が大きいのです。

実子でなければ、どうして関ヶ原の戦いでみんなが「秀頼様のため」と言わなければならなかったのか、あるいは、あれだけみんなが家康を「大御所様《おおごしょ》」と言っているのに、なぜ慶長十六年に家康は二条城に秀頼を呼び出す必要があったのか、分からなくなります。

私が小説家だったら、関ヶ原合戦ですぐに大坂城に乗り込んで淀殿をつるし上げて白状させるように書くと思います。「本当の事を言え」と。家康にとっては「この子は秀吉の子ではありません」と言わせたい。言うまで家康の拷問が続くし、言えば魔女狩りと一緒で殺されてしまうという内容で。しかし実際にはそれができない政治状況があり、おおっぴらに言えば家康も人格を疑われただろう、と見るべきではないでしょうか。

葉室 実子じゃなかったらなんとなくばれるような気がします。もう少し「実子ではない」という説が浸透していれば、家康はそれに乗っかった。

福田 その通りです。

葉室 本当は実子だったとしても「あやしい」などと言って政治的に利用すればいいわけです。

福田 もし百パーセント実子でない状況があれば、なぜあの権謀術数に長《た》けた家康が利用しなかったのか、逆に謎になると思います。

葉室　関ヶ原以後の十五年を持ちこたえたのも実子だったから。そうでないと、みんなが離れていきますよ。

――福田さんが秀頼の本を刊行したきっかけは。

福田　歴史学界的には三十年も前から秀頼を公儀の頂点とする見解がありましたが、今に至るまで秀頼の実像を秀頼の立場から明らかにした研究がない。徳川の側からの秀頼像しかなかった。しかも秀頼の場合、判官《ほうがん》びいきの日本人が好きそうな人物なのに、誰も判官びいきしない。だからこそ取りあげようと考えたのです。

葉室　秀頼をもう少しきちんと分析すると、徳川時代についてのイメージも変わる。だから秀頼再評価は大事なのでしょうね。

淀殿とその周辺

――淀殿と北政所はどんな関係だったのでしょうか。

葉室　最近の研究では、秀吉の二人の妻、淀殿（茶々《ちゃちゃ》）と北政所は連携・協調していたと考えるようになったと聞きました。小説的に言えば、二人が対立してけんかする方が面白い。だから史実もそのようにとらえがちです。しかし当時の女性としでは、自分たちが家を作り、守っていくんだという意識が、後世よりもずっと強烈で、そのためには二人が手を結ぶのは十分ありえると思います。そういう意味で、秀頼再評価については、本当は茶々の再評価とセットで考えるべきだと思うのです。

福田 そうですね。茶々は秀頼をきちんと育てた、やっぱり教養のある女性です。戦国武将・浅井《あざい》長政《ながまさ》と、織田信長の妹・市《いち》との間に生まれた、いわゆる浅井三姉妹の一人で、信長の姪《めい》に当たります。確かに茶々はそうした貴種としての扱いを受けていたと思います。それは当時の文書からもうかがえます。しかし秀吉には、例えば信長の娘・三《さん》の丸殿《まるどの》という妻もいます。こちらの方が血筋的にはダイレクトなわけです。だから貴種というだけで秀吉が茶々を大切にしたとは説明しきれないと思います。

葉室 小説的に言うと、秀吉が美人で知られた市への恋慕があって、それが茶々につながったというイメージになっている。庶民としてはそういうふうに見たいわけです。

――大坂の陣ではどうしても淀殿の指示に従う秀頼というイメージがあります。

福田 大坂の陣で秀頼は、大野《おおの》治長《はるなが》に総指揮を任せており、治長を立てています。その治長の采配《さいはい》が悪かったのです。

葉室　「淀殿悪女説」のような見方も徳川史観だと思うんですね。中国の王朝では政権につくと前の政権のことをすごく悪く言う。淀殿の場合もそれに当てはまった。大河ドラマ「軍師官兵衛」もそうでした。

福田　ドラマでは鼻の先であしらうような小娘の茶々に秀吉がひかれるシーンがありました。しかし例えば秀吉の書状には、小田原《おだわら》の陣（一五九〇年）に茶々を迎えた際に「北政所に次いで茶々が自分によく仕えてくれるから」とあります。茶々もちゃんと秀吉に仕えていたから、秀吉も茶々を大切にしたと思います。

葉室　秀吉にしても、茶々を大切にするのは、いわゆる年取って老けてからではなく、男盛りというか、天下取りに駆け上がる時期ですから、人を見る目がある。自分のあこがれた人の娘だからだけでなく、秀吉と茶々とは本当に感情の交流があったのだろうと思いますね。そして大事にしてきた女性が子供を生んだということで、さらに大切にする。秀吉が秀頼を大事に思うのは、茶々への愛情があるからでしょう。

福田　秀吉は北政所も本当に愛していた、北政所に子供を生んでほしいと思っていたと思います。ではなぜ北政所を含め多数の女性がいたのに茶々しか子供を生まなかったのかとよく聞かれるのですが、秀吉は関白になるまで戦争に明け暮れていたのです。戦争中に子供がいないのは黒田官兵衛もです。関白になって、茶々を嫁にもらい、四年後の茶々が数えの二十一歳のときに子供（最初の子、鶴松《つるまつ》）が生まれます。少し落ち着いた頃に子供が生まれたのはむしろ自然です。

葉室　昔の言い方でいえば、猛烈社員たちのすごい企業だから家に帰ってゆっくりしている暇はないのですね。二十四時間働け、戦えと。黒田官兵衛も熊之助《くまのすけ》という次男が生まれたのは、有岡城の幽閉から解放されて、ほっとした時にです。それ以外はたいてい戦場に行っています。

福田　戦場に行く際に女性に触れると軍神が怒るという考え方があって、女性断ちをしてげんかつぎをする人も武将の中にはいました。あれだけ戦争に明け暮れていたから、秀吉もそう考えていた可能性があります。六十二歳で十一男をもうけた家康の場合は戦陣に女性を連れて行っていますが。

——大坂の陣で秀頼側がもっと善戦するには何が必要だったのでしょうか。

葉室　もうすこしいい参謀がいたらと思います。

福田　本当にそうです。大河ドラマではないですが、秀頼に官兵衛がいてくれればと思ってしまいます。官兵衛がもう少し（大坂冬の陣の）慶長十九（一六一四）年まで生きていてくれたら、二人で天下をとっていたかもしれないですね。実際には、先ほど話しました大野治長が問題でした。治長はかつての黒田官兵衛の家臣・後藤又兵衛を高く評価していたようで、又兵衛が治長にだいぶ入れ知恵していました。しかし夏の陣の途中で又兵衛が戦死すると、以後は治長が、出陣の機を逸してしまうなど、重要な決断ができなくなります。又兵衛は官兵衛の戦争の仕方を見て育ってますので、又兵衛が死んだのも大きかったと思います。

葉室　秀頼は逸材ですし、金を持っているし、大坂城もあるのだから、どうとでもできる。冬の陣で徳川側が攻めきれなくなったら、あとは粘ればいいんだと。そうしたら、家康だって長く生きていないんだから、あとは交渉の仕方だと。優秀な参謀がいればそう考えてやったと思うんです。

——その時の豊臣と徳川の力関係をきっちり見極められる人間が、近くにいなかったんですね。

葉室　参謀というより、旧豊臣系の西国大名ですね。秀頼側につきにくかった。関ヶ原の勝ち残り組だから「俺たちは徳川方になっちゃってるから、淀殿あたりからは、どうせ信頼されてないよ」って思っていたかもしれない。ただ、旧豊臣系の大名が慕っていた北政所がいたらどうなっていたか。北政所が大坂城に入ったら、旧豊臣系の大名は北政所のいるところは攻めない、そういう可能性はあるかなあと思います。

福田　だから徳川側は北政所をシャットアウトしたのです。大坂城には入れさせなかった。家康はやはり策士なんです。秀頼に味方しそうな西国大名を、慶長十九年までに一人一人、徳川方につくように、豊臣方につく芽をつぶしているのです。

葉室　ただ、つぶせたのはまだ家康が生きていたから。死んでいなくても、例えば病気で動けない状態だったら、そのしめつけがどれだけ効いていたか。

福田　家康は二条城会見後の三年間、大坂の陣の準備をじっくりと進めています。自らの将軍就任が、関ヶ原の直後ではなく三年後だったように。

葉室　そのような家康の、七十歳前後なのに「まだ自分に時間がある」という感覚は、生命力があるからでしょうか。現代人なら、会社の社長が七十歳を越えてもまだまだ権力を振るえるぞって確信は、そんなにない。家康はとにかくそこまでは死なないって、決めたんでしょうね。夏の陣の翌年に亡くなりますが、それまでは自分の張り合いがあった。

福田　大坂の陣後、ぽろっと切れたのでしょうね。精神力が。

葉室　家康のモチベーションだった。秀頼への警戒心がそれをさらにかきたてた気がします。「これは自分がなんとかしなければ危ない、だから簡単には死ねない」

と。戦国時代の生き残りの武将ですから、そんな生命力は強かったのでしょう。それに家康のしたたかさも大きかった。家康は幼い時から人質として過ごし、ある意味、人を信用していない。いわゆる殿様育ちではなく人質育ちだから、人の心を読もうとするし、裏も見ようとする。そんな人だからあらゆる手を打ってきたという気がしますね。

――秀頼のいた大坂という場所も重要だったのでしょうか。

葉室　家康個人は貿易の関心はあったけれども、徳川政権は体制としてはいわば内政重視型の農本主義。その前の信長・秀吉の政権は対外貿易志向の強い、いわば重商主義政権でした。だから関ヶ原以後も引き続き貿易をして利益を上げたい西国大名は、そんな豊臣政権の存続を願ったと思います。貿易ルートとしては瀬戸内海が重視されていましたし、その点で西国の中にある大坂というのは、存在感が大きかったのだろうと思います。

福田　家康自身は鎖国の意識はなかったと思うんですが、西国は海外につながる強力なルートを持っていますので、家康はそれを押さえなければならなかったと思います。例えば伊達政宗も支倉常長《はせくらつねなが》を派遣して独自に西洋につながるルートを模索していたように、東の大名も西の大名も模索したのでしょうが、家康にとって直接的には西国を押さえることが大切だった。その西国に秀頼のいた大坂があったことがいけなかったと思います。大坂の豊臣家を滅ぼさないと江戸に中心地が移ってこない。豊臣の天下のままだったら、日本の首都は大坂になっていたと思います。

葉室　私たちは江戸時代を通してみるから、関ヶ原の直後から江戸が中心地だったと思ってしまいますが、実はかなり時間がかかり、その間に不安な要素はいっぱいあったのだと思います。

第二章　朝鮮出兵の時代

中野　等（なかの・ひとし）
九州大学名誉教授。一九五八年福岡県出身。九州大学大学院、柳川古文書館学芸員などを経て現職。著書に『立花宗茂』『秀吉の軍令と大陸侵攻』『文禄・慶長の役』など。

加藤清正とその周辺

――秀吉は九州平定後、自らの家臣を九州の大名に配置します。中野さんは近年、朝鮮出兵時の加藤清正の動向について論文を書かれましたね。

葉室　清正は普通、「すごい武断派」というイメージがありますよね。城造りが上手だったとか。本当はどんな武将だったんでしょうか。

中野　すごい神経質な人です。関ヶ原の戦いの活躍や、その後の豊臣秀頼をもり立ていく姿勢など、老練な、どっしりした感じのイメージがあると思うんですが、若年の時はかなりナーバスです。朝鮮半島の前線にいる清正が肥後《ひご》の国元に送った文書の中には、兵糧や武具の調達指示など五十一ヵ条にも及ぶものがあります。紙やろうそくなど日常物資まで指示するものもあります。ただそれは、清正の生来の性格かというと、そうではない。

葉室　当時の清正の立場によるのでしょうか。

中野　豊臣政権というのは、人を競わせるのです。秀吉がまだ若いときから活躍してきた人の中で、蜂須賀小六《はちすかころく》や浅野長政《あさのながまさ》などは生きのびていくのですが、実はかなりの人がつぶれていきます。栄達させて、ある程度の仕事をさせる。うまくやれば上昇していく。しくじれば落とされていく。それを清正は見てきているのです。実は九州平定時、二十代後半の清正が率いていた軍勢は百七十人程度しかいません。それが五年後の朝鮮出兵では実に一万の軍勢を率いて行かされるのです。

葉室　いきなりやらせるんですね。応《こた》えられなかったらすぐに首を切られる。

中野　完全に実力主義。そういうことをさせて家臣を鍛えていく政権なんです。だから豊臣政権には「譜代《ふだい》」(代々から続く家臣)がいないとよく言われます。それは確かに政権のウイークポイントではありますが、実力主義ですから、能力があればぐんぐん出世します。それに大名となると、まず第一にそろばん（領国経営）がはじけないといけないのですが、清正の統治の仕方は非常にうまかったと思います。いくら武将として強くても、そろばんがはじけなければ侍大将どまりですよ。

葉室　小西行長《こにしゆきなが》についてはどうでしょう。堺の商人の出身で、一時期は宇喜多氏の領内にいたとも聞きます。秀吉の時代に重用されたのは瀬戸内海に通じた商人だったからかもしれませんが、朝鮮出兵にもそれが生きたのでしょうか。

中野　行長は対馬《つしま》を支配していた宗《そう》氏と姻戚《いんせき》関係を結びます。その背景には、朝鮮から対馬、瀬戸内海、堺とつながるルートがあって。そうした中での人間関係があったからだと思います。それに、朝鮮出兵時に、九州の大名たちをどのように軍団として編制したかというと、豊臣大名（秀吉が家臣から取り立てた大名）に地元の大名を付けているのです。

例えば黒田長政には大友義統《おおともよしむね》を、毛利吉成《よしなり》には島津義弘《よしひろ》を、加藤清正には鍋島直《なべしまなお》茂《しげ》を、といったように、地元の大名を指導する形で豊臣大名が入るのです。小西行長には誰を付けたかというと、西肥前《にしひぜん》の武将たちです。松浦《まつら》鎮信《しげのぶ》や有馬《ありま》晴信《はるのぶ》、大村《おおむら》喜前《よしあき》などです。これに対馬の宗義智《よしとし》が付く。そういった軍団編制を行長にさせるのは、ある種の海洋勢力をまとめる目的があったのかもしれません。

葉室　海洋勢力と多少コンタクトのありそうな存在として、小西行長が考えられた。

中野　キリシタンの史料にも「海の司令官」と書かれていますしね。まあ、キリシタンは小西が好きだから、その評価を百パーセント真に受けていいかどうかというのはありますが。

——清正と行長は、朝鮮半島で明や朝鮮との交渉を担いますが、二人の対立というのはあったのでしょうか。

中野　秀吉が朝鮮半島に行かなかったために、半島の現地では日本勢は軍隊としての有機的連関がなくなっていきます。そういう背景はありました。ただ、清正と行長がどこまで仲が悪かったのか、国内の史料では実はあまり分からないのです。語られている史料の大半は後世のものだとか、朝鮮側の史料だったりします。ただ、清正は行長に対してずっとコンプレックスを持ち続けるんですよ。

葉室　それはどういう点でですか。

中野　朝鮮出兵の先陣も行長。釜山《ふざん》から首都・漢城《かんじょう》（現在のソウル）までの道のりは一番手の行長が通った経路がメインになるのですが、二番手の清正はそれとは違う経路を通ります。少し迂回《うかい》して慶州《けいしゅう》を経由して、メインよりも東のコースを通ります。三番手の黒田長政は西のコースです。要するに秀吉が釜山に上陸して漢城に行くときに、どのルートが一番秀吉のためにいいかという下見をするんですね。単純に武力で進軍する話では全然ないのです。

葉室　秀吉の行軍を念頭に入れているんですね。

中野　秀吉が漢城に一番かっこよくいけるコースはどれかと考えているのです。秀吉を野営させるわけにはいきませんので、秀吉が泊まるためにわざわざ城も作る必要がある。そうすると現地に残された朝鮮の城をどう再利用して、秀吉の宿営地としていくか。そういう秀吉の行軍に必要なインフラまで考慮に入れています。軍勢も何万人も進軍するから、本隊の部隊がここを通るなら副将はここを通るとか、そういうことも考えて進軍させているんです。単に先陣争いをしたといった軍事的な問題ではなくて、極めて政治的な問題として朝鮮出兵がある。そういう中で、結局行長が行ったコースが選ばれるわけです。そこに城を作るために後から黒田官兵衛が行かされる。

葉室　進軍コース上も小西が上になるのですね。

中野　その後、秀吉は前進しろと命令するんですけど、朝鮮に集結した大名たちはまず足元を押さえようとして、朝鮮の八道《はちどう》（八つの行政区域）を分担して統治を始めます。そのときに清正が治めたのが半島最奥部の咸鏡道《ハムギョンド》です。小西は平壌《へいじょう》のある、いわば表玄関の平安道《ピョンアンド》です。
だから朝鮮出兵の、少なくとも初期は、一番いいところ、メインは小西がもらっているのです。それに対して清正は、こんな山奥にいかされて、いざ秀吉がやってきた時に間に合わないじゃないかと不満を持つ。「自分が好きでここにいるわけではない」「いざというときに遅れても自分のせいではない」。そんな書状を清正は、朝鮮出兵の前進基地だった名護屋城にいた秀吉の側近連中にずっと書き送っています。

葉室　なるほど。

中野　清正と行長の力関係は、最初ははっきりしていたと思いますね。商売もやっているし、朝鮮人や中国人と関わってきた人間（小西）と、秀吉に付き従い、戦闘などで尽くしてきた人間（清正）とでは。もともとどちらが年長だったかというと小西ですし。

葉室　小西の方が情報も得ていますしね。

中野　配下には五島《ごとう》列島の人間もいる。かつては倭寇《わこう》にも手をそめた勢力ですから、ある意味、外交畑の人たちを自分の配下に入れていました。当時の情報という意味でのインテリジェンスは小西の軍勢が一番高いわけです。

葉室　小西は情報戦略にたけていたのでしょうか。

中野　そうなのですが、結局明側との情報戦に敗れます。平壌で待機しているうちに明の援軍が来てしまいます。清正にはそういうバックグラウンドがないから、秀吉の命令に極めて忠実です。成り上がっていく人間としては、小西のように自分で判断するよりも、秀吉の命令に諾々と従うことが、自分の身の保証になります。

それに清正のコンプレックスは、次の段階でライバル意識に転じます。朝鮮出兵が始まって、明の援軍が来た頃は小西が圧倒的に強くて、清正は日が当たらないというコンプレックスを持つわけです。しかし戦争の過程で清正は朝鮮の王子二人を確保していくなど、自分なりに外交スキルをブラッシュアップしていくんでしょうね。王子をつかまえている男ですから、朝鮮側でもいわばブラックリストに載るような形でネームバリューが上がる。朝鮮側の史料にしかでてこないのですが、情報を攪乱《かくらん》することで清正と行長の間をさいていくこともやりだしてくるのです。

葉室　清正に外交感覚は育ったのでしょうか。

中野　朝鮮出兵が終わってからも、清正は独自に明国と外交を始めようとするのです。だから外交感覚がないわけではないんですね。朝鮮出兵の過程で明・朝鮮側とかなり交渉してますから、そこで鍛えられたことはあるかもしれませんね。

葉室　現地にいたらいろいろ考えざるをえないですものね。戦争や交渉の相手は何者なのかということを。後の関ヶ原の戦い以降の清正って、老練なイメージが出てくるじゃないですか。家康との関係を作っていくやり方とか。実は朝鮮出兵での経験があったから、後の老練な清正が作られてくる面もあったのかもしれませんね。

中野　それはあると思います。戦時の七年が平時の何年になるかわかりませんが、かなり圧倒的な経験知がついてきたと思うんですね。政治的な嗅覚《きゅうかく》とか、いろんな能力が戦争の中でブラッシュアップされた。戦争は人を変えますからね。

秀吉政権の狙いと結末

――豊臣秀吉は朝鮮出兵の前に九州を平定しますが、その際、自らの家臣を九州の大名として配置しますね。朝戦出兵の準備なのでしょうか。

中野　実は秀吉は、天下統一してから明を征服する「唐入《からい》り」としての朝鮮出兵に乗り出す、という形で進めていないのです。九州平定の際、博多《はかた》近郊の箱崎《はこざき》に凱旋《がいせん》した秀吉は天正十五（一五八七）年、対馬の宗義調《よししげ》に対し、「対馬はお前にあてがう。その代わり朝鮮国王と交渉して、朝鮮国王に日本の朝廷へ参内させるように」

という命令を既に出しているのです。天下統一と朝鮮出兵は、並行して進められました。ただ秀吉にとって天正十四（一五八六）年に徳川家康が大坂城で秀吉に臣従した段階で、八割方終わったのでしょうね。織田政権を継承し天下統一をする過程で、一番気になる存在が家康だった。家康が降《くだ》った段階で、事は半ば以上達成したと考えたのでしょう。

――秀吉の天下統一と朝鮮出兵には、どんな関連が？

中野　本能寺の変以後、秀吉は信長政権を継承していくのですが、その過程で織田家つまり信長の子供たちを超えて上に立ちます。しかし秀吉の場合は下克上という表現ではあまり語られません。なぜかというと、朝廷の伝統的な官位制、天皇が臣下に位階と官職を与える序列を利用しているからです。織田家の当主よりも秀吉が高い官位を取っていくことで、これまでの主従関係を清算し、織田家をしのぐ存在になるのです。いわば政権簒奪《さんだつ》をオブラートに包むわけです。結果的に官位制が豊臣政権の重要なファクターとなっていきます。

葉室　一般的に朝鮮出兵に関して言われるのは、秀吉本人の野望とか、いわば成り上がった社長が無謀な事業拡大計画に出るとか、そういうイメージで語られることが多い。でももうちょっと政治的なものがあるのかなあと思うのですが。

中野　豊臣政権は伝統的な官位制、天皇の存在を頂点とする伝統的な国家体制という言い方でもいいかもしれませんが、それを使って、最終的には自分が関白になる。関白はあくまで天皇の次である。そうすると天皇の権威を高めることが、結果的には豊臣政権の権威を推しあげていく。権威を高めるには日本国内だけでなく、外国の王様も服従させればいい。そういう論理構成で朝鮮王朝に対する服属命令が出てくるのです。

――なるほど。

中野　こうした論理構成は、実は江戸時代に引き継がれます。朝鮮通信使や、琉球からは慶賀使《けいがし》や謝恩使《しゃおんし》がやってくる。オランダ商館長もやってくる。日本の民衆に対して、江戸の将軍様が日本人だけでなく外国人も服従させていることをパフォーマンスとして見せている。ことさらに外国風の装いをさせてこさせるわけです。

葉室　中国・明を征服するという意味での秀吉の朝鮮出兵は失敗しますが、その明だって、朝鮮出兵の直後に女真族に滅ぼされ、清国になる。日本がやろうとしたことを女真族がやってしまう。

中野　馬で攻める（女真族）か、船で攻める（日本）かなんですよ。結果的には失敗しているように見えるけれども、それだけで無謀とか野望とかで片付けられるのか。日本は国内で戦国時代の百年間戦い続けているわけだから。

葉室　戦闘スキルが高かった。いわばトーナメント戦を勝ち抜いた人たちが国際大会に出て行った形ですね。

中野　東南アジアで活躍した山田長政《やまだながまさ》は傭兵《ようへい》でしたが、東南アジアでなぜ日本人がそれだけ重宝されるのかというと、強いからですよ。

葉室　その点を認識するのはもっと大事だろうと思うんです。日本がアジアに出て行く衝動について、大陸周辺部の国だったから大陸に出て行きたいと思ったというのはありうるのかなあと思います。少なくともそういう歴史的段階があった。大河ドラマ「軍師官兵衛」のように、朝鮮出兵は秀吉が自分の野望に引きずられたとするだけでは、説明できないと思うのですが。

中野　そうですね。だから秀吉が九州平定に来たときに、朝鮮の王様に日本の天皇へ頭を下げにこさせろと、対馬の宗義調に指示したのは、別に秀吉の個人的な自己満足ではなくて、朝鮮の王様が日本に来れば、異国の王が天皇に服従しているんだということを民衆に見せつけられると思ったのでしょう。豊臣政権というのは、官位制という伝統的な日本の国制に乗っかりながら、政権の正統化を果たそうとする。そうなれば外国の王様に日本の天皇へ頭を下げにこさせるのが必然化されていきます。

葉室　服属の要求は朝鮮以外にも出しますよね。

中野　ポルトガル領インド副王や台湾、フィリピン・マニラにいるスペイン総督にも服従しに来いと要求しています。

――東アジア以外に視野が広がっていますね。

中野　いわゆる「三国世界」、インド・中国・日本によって世界が成り立っているというのが、それまでの世界認識だったのが、ヨーロッパが見えてきますから、伝統的な「三国世界観」が相対化されていくのです。たとえば「地球儀的世界観」という言い方をしますね。従来と違う価値観が外から入ってきて、世界認識が信長や秀吉の時代の頃から変わってくるんですね。それもあって絶対的な存在だった中国・明への見方も少し変わってくる。

葉室　朝鮮出兵では、単純にいえば日本人が十数万人もいっぺんに朝鮮半島に渡っていって、いわばアジア世界に触れていく。地理的にも認識が広がる。

中野　そうですね、日本だけが主従制の国家なんですね。朝鮮や中国・明は官僚制の国家。主従制の世界しか知らない日本の侍にとって新鮮というか驚きだった。地域全部が蔵入地《くらいりち》（直轄地）だ、みたいな言い方を当時の日本の武将がする。蔵入地なので代官が支配する。それは官僚制の世界で成り立つ話です。日本なら親分がいて子分がいて、という主従制の世界ですから「お前に土地やるから」となる。一方、代官は土地を単に預かっているだけ。

葉室　単純に言えば儒教国家。軍人というか武士が権力を握る国家はアジア三国で日本だけ。明や朝鮮から見ればそうです。「軍人が一番威張っている。それはおかしい」と。

中野　朝鮮の使節が日本に来ると「遅れた国だ」とみなす。それはそれで当時の朝鮮の人たちが自国のプライドを満足させる部分もあるようですが。

葉室　朝鮮出兵の目的は明を攻めるためでしたが、軍事面では本当にそれがうまくいく可能性はあったのでしょうか。

中野　秀吉は名護屋城に居続けるのですが、居続けるために名護屋城にいるのではなくて、本来は朝鮮半島に渡るつもりでした。しかし行けなかった。秀吉という、本当の意味での総大将がいないまま、大名たちがさまざまな思惑からばらばらに動いてしまう。また、手紙を書いて秀吉に指示を仰いでも、秀吉が回答を出したときにはもう事案は解決しているといったタイムラグ（時間差）が発生する。そんな矛盾が続きます。だから秀吉が朝鮮に行っていれば、局面は随分違っていたのではないでしょうか。そもそも行くために秀吉は関白を甥《おい》の豊臣秀次《ひでつぐ》に譲っているのです。

葉室　もしあのままどんどん進軍していたら一体どうなっていたか。さまざまな可能性はあるものの、例えばヨーロッパにおけるイギリス、そのアジア版のような、海洋的な軍事力を持った国家に日本がなりえたのだろうか。そんなことも考えてしまいます。そういう歴史的分岐点にいたのかもしれません。

――結局、朝鮮出兵は失敗に終わります。その影響は？

葉室　朝鮮出兵はやらなければよかった、そういうことは多々あって、例えば甥で関白を引き継いだ豊臣秀次を殺さなくても済んだはず、とか。失敗は政権にとっては大きな傷になった。

中野　朝鮮出兵は、豊臣政権がパイロットケースとなった失敗でした。国家として何がまずいかというと、国家の威信に傷がつくこと。負ければ政権の正統性が否定されてしまいます。豊臣政権がその影響で瓦解《がかい》していくのを見ていた人が成人していく。だから徳川幕府は刀を抜かないようになる。いつでも抜けるけど、抜かない。抜いてしまって負けて傷がつくことを恐れる。

葉室　明の滅亡の際、徳川幕府は旧明勢力の支援として出兵するかどうかを検討しますが、結局しないという判断をする。そのあたりから、今に至る日本の国の選択みたいなものが、やっぱりなされていたのかもしれません。冒険的に海外に出ずに国内にいようという国民性の一つの側面が、江戸時代に培われたのではないか。

中野　そうですね。鎖国と言うかどうか研究者の間で意見がありますが、少なくとも江戸時代には統制の効いた国家になっていくことは間違いない。

葉室　朝鮮出兵失敗のトラウマの大きさが、日本という国のありようや国民性を築いた。昭和の戦争で敗北に至った点は無視できませんが、昭和の戦争の敗北後は再び平和を保つ。そういう国民性は、さかのぼれば朝鮮出兵以後からかもしれません。

第三章　対外交流からみた中世

伊藤幸司（いとう・こうじ）
九州大学大学院比較社会文化研究院教授。一九七〇年岐阜県出身。九州大学大学院、山口県立大学准教授などを経て現職。著書に『中世日本の外交と禅宗』『中世の博多とアジア』など。

禅宗・博多・唐物

──中世の対外交流は、どのくらい活発だったのでしょうか。

伊藤　平安時代に遣唐使が中止されたから国風文化が出てきたと思われがちです。しかし遣唐使が派遣されなくなる九世紀ごろから、東アジア海域では民間交流が活発化します。朝鮮半島や中国大陸の商人が、日本の博多や大宰府《だざいふ》にくる。遣唐使を出すまでもなく、向こうから海商（貿易商人）が唐物《からもの》（大陸製の文物）を持ってやってくるのです。明治以前の日本で、大陸との交流が最も活発な時代が中世でした。

葉室　中世ってだいたい暗いイメージです。しかし中世は、大陸では北方の騎馬民族が南下するのに伴って南宋《なんそう》が後退し、やがて元、明と代わる時代。そうした動きの中で日本は大陸とつながり、交流も深くなり、文化が伝わる。いわば東アジアで対流のような動きがある。なのに私たちはどうしても遣唐使中止や江戸時代の鎖国で日本をとらえ、孤立した島国で大陸との関わりも薄いと考えがちです。おそらく江戸時代を経ているからでしょう。中世の動きは江戸時代の人にはよく分からないままだった。そのまま後世にも伝わらなかったからだと思います。

――中世の対外交流で禅と博多はどうつながるのでしょう。

伊藤　日本の僧侶《そうりょ》が大陸へ修行に出かけるためには、まず博多に来なければならない。博多が当時の日本で一番開かれた国際貿易港だからです。博多からは、中国大陸の江南《こうなん》地方（現在の浙江《せっこう》省や江蘇《こうそ》省など）に向けて航路が出ており、民間の貿易商人の船が頻繁に往来していたため、僧侶たちはそうした商船に乗せてもらうことで海を渡りました。そのためには商人とのコネクションが必要になります。

日本に禅を導入したのは、博多に住み着いて日宋貿易をおこなっていた中国人海商のコミュニティーです。これが博多の町のルーツになっていきます。彼らは、自分たちの故郷である中国で流行している最新の仏教文化・禅宗を、住んでいる博多に持ち込んだのです。さらに、平安時代の終わりごろから、新しい大陸仏教を導入しようとした日本の仏教界の動向、さらには日本に禅宗を売り込もうとした大陸の仏教界の思惑もありました。

こうした時代背景から日本で最初の禅寺が博多に建ちます。パトロンは博多在住の中国人海商。禅寺には当時の日本では手に入らない仏具も備えなければならず、それらは大陸で買ってくる必要がありました。

つまり、日本の禅寺は博多の中国人海商にとって、信仰の対象であるのと同時に、重要なお客さんでもあったのです。このように、貿易と禅宗は最初から一体のものとして存在していました。寺は、今なら葬式のイメージが強くありますが、当時は大学であり貿易センターのような存在でした。

葉室　禅というのは、一人でどこかにこもって悟りを開くだけといったイメージを持ってしまうのですが、当時は社会的に相当な役割を果たしていたのですね。

伊藤　禅宗とともに多様な大陸文物や文化が日本へ入ってきますが、その一つに漢字の読み方もありました。漢字の読み方には漢音《かんおん》や呉音《ごおん》のほかに唐宋音《とうそうおん》というのもありますが、これが入ってきます。禅宗のふるさとが中国の江南地方だったため、そこで修行した僧侶を介して江南方言が入ってきたのです。例えば「椅子《いす》」。普通なら「子」を「す」とはなかなか読みません。「椅子」は西洋的なイメージがありますが、禅宗の僧侶の肖像画では、僧侶が椅子に座っている姿で描かれます。椅子というのは意外と古いものなのです。「外郎《ういろう》」も唐宋音の読みです。

遣唐使の時代は目的地が都の長安《ちょうあん》（現在の西安《せいあん》）で、黄河《こうが》流域の唐の文化がもたらされました。しかし、平安末から室町時代では、日本人にとって中国とは江南地方のことでした。江南地方の文化がどんどん船で博多にもたらされて、博多から日本各地に広がっていく。これが今、我々がいわゆる「日本伝統文化」と呼んでいるもののルーツといえます。そして、江南地方で日本に開かれた港のうち、最大の都市が中国・杭州《こうしゅう》湾岸地域にある寧波《ニンポー》です。

葉室　秀吉が「唐入り」（朝鮮出兵）の際、「自分は寧波を都にする」と考えていたそうですが、その知識は正確なんですね。

伊藤　現在は同じ杭州湾の対岸にある上海の方がメインですが、前近代においては寧波でした。

葉室　例えば戦国時代になるとキリシタンが来ますが、イエズス会も貿易と一体となって入ってくる。ヨーロッパの文化が伝わり、ヨーロッパの言葉が日本の言葉の中にも入ってくる。そんな点は禅宗と似ていますね。千利休も禅宗とつながりがあります。彼らは茶室の床の間に禅の書をやたら掛けたりします。

伊藤　座敷を絵画や書、茶碗《ちゃわん》で飾るという価値観は、千利休以前からあります。室町時代には「君台観左右帳記《くんだいかんそうちょうき》」という、当時の文化人が参照した座敷飾りのマニュアル本が登場します。絵画や茶碗の飾り方をイラスト入りで紹介しており、飾るのにどんな絵画が良いものなのかということを、絵師と図柄を挙げてランキング分けして記しています。そして、良い絵はたいてい中国・南宋時代の絵画です。当時は、唐物の価値がとても高く、唐物に対するあこがれも権力者の間で強かった。こうした唐物が最初に日本へ入ってきたのが博多なのです。

葉室　唐物へのあこがれが強く、いい唐物は自分の財力や権力を誇示できるステータスシンボルだった。当時の日本が、中華文化圏にいると考える気持ちが強かったからでしょうか。

伊藤　そこは難しいところで、唐物に対するあこがれや価値観があったからといって、それがそのまま単純に中華を至上とするような感覚にはつながらないのです。確かに足利義満は日明貿易の際、明の皇帝に対して「日本国王」として朝貢《ちょうこう》する形をとりました。まさに臣下という形をとったわけです。見方によっては屈辱的ですが、これは名を捨てて実をとる作戦で、朝貢という形式をとらないと中国と貿易ができなかったからです。だから、義満は「日本国王」になった、と日本国内に向けて自慢なんか全然していません。

葉室　足利将軍家にとって貿易は権力の源泉になった。東アジアの交易権を誰が握るかが重要だった。一方で、宋や元と違い、明の貿易は朝貢以外は認めない厳しい体制なのですね。

伊藤　明では国王名義の外交使節しか貿易できなくなります。宋や元の時代は、中国人海商による民間貿易船が、日本を含めた東アジアや東南アジアの海を行き交っていた。それが明代になってシャットアウトされる。その間隙《かんげき》をぬって登場するのが琉球王国です。

琉球は明との朝貢貿易回数がとても多い。つまり、従来の中国人海商の船の代わりに琉球の船が東南アジアなどで貿易して、明に朝貢する。明としては、中国大陸で入手できない貴重な東南アジアの物資が、公式には琉球を通じて入ってきたわけです。琉球王国の隆盛を支えたのは、明の海禁《かいきん》（貿易や通交の制限）を利用した中継貿易でした。そして、琉球の貿易活動を実際に担ったのは、那覇《なは》の久米《くめ》村に住んでいた華僑《かきょう》の人たちです。

ところが十六世紀になると東アジア海域で密貿易が活発化しだします。明も海禁を緩和して、中国人海商の東南アジア渡航を事実上許す。琉球は中継貿易のうまみがなくなり、次第に日本との関係を重視しようとするのです。

葉室　東アジア交易の担い手が、時代時代で変わってくる。やがてヨーロッパの勢力まで入ってくるのでややこしいですね。

伊藤　ポルトガルの勢力が十六世紀にマラッカ海峡を越えて東アジアに入ってくるのですが、びっくりしたと思うんです。アフリカの喜望峰《きぼうほう》を回ってインド洋に来た時、インド洋の海の秩序は緩やかでした。ルールを守れば誰でも貿易可能。国家権力が海の秩序にあまり口出しせず、貿易利益の一部を提供すればいい。そんな秩序を彼らは暴力で破壊して、自分たちの貿易拠点と航路を確保してしまいます。

ところが東アジアの海は、明のように国家権力が海の秩序に口を出す。ポルトガルも明と貿易をしたいが、明との貿易は朝貢が大前提です。しかし彼らには朝貢なんていう意識がありません。そうなると、ポルトガル勢力は明と通交貿易はできず、現地の密貿易の勢力と一緒になるしかない。それが当時の後期倭寇です。

――ポルトガル勢力も倭寇なんですね。

伊藤　後期倭寇というのは海賊集団というより、明から見て「秩序を守らない連中」といったレッテルです。八割方は中国大陸の人とされ、東南アジアや日本などとの密貿易で利益を上げていた勢力です。だからポルトガル人たちも明から見れば「倭寇」の一味になるのです。彼らは明から「仏郎機《フランキ》」と呼ばれていました。

――「仏郎機」って当時の大砲の名称ですね。

伊藤　まさにここからきています。当時の倭寇のネットワークというのは、今の中国の浙江省や福建省《ふっけんしょう》、広東省《かんとんしょう》、東南アジア、日本の五島列島や平戸《ひらど》、鹿児島まで広範囲に展開していました。だからイエズス会のフランシスコ・ザビエルは、平戸や鹿児島に立ち寄ったのです。彼が日本へ布教に向かうためには、マラッカから倭寇ネットワークで活動する中国人海商の船に乗せてもらうしかなかったからです。

葉室　ザビエルの訪日ルートというのは意味があるのですね。

伊藤　宣教師たちは、布教先をかなり研究していました。

葉室　現代の日本の文化やありようは当時の対外交流の中で作られたのではないか。中世は日本のはらわた、内臓。外からは見えないが、当時の栄養分を吸収し日本を形作ったのかもしれません。

戦国大名・大内氏の実像

――中世の中国地方を支配した大内氏《おおうち》は「山口《やまぐち》の大名」というイメージが強いのですが、実際には国際貿易港の博多を支配して、日明貿易や朝鮮との貿易も手がけていますね。

伊藤　本拠地は山口ですが、大内氏は京都にも影響力を持つ一方で、九州に何度も進出して最終的に博多を支配しています。大内氏は福岡県の歴史でもあるのです。

葉室　大内氏の後に出てきた毛利氏については中国地方のチャンピオンだけど中央（京都）に出なかったことだけが語られがちです。ただ実際は毛利氏は九州を攻めている。けれども毛利氏は大内氏のようにはなりきれなかった。そして秀吉の天下になった。だから中国勢力が博多を支配したというイメージが伝わらない。大内氏が滅亡しなかったら、中国九州連合対秀吉という対立もありえた。大内氏の存在の大きさが今でも見えにくい。

伊藤　大内氏は滅亡したので史料もまとまって残りにくい。それに、大内義隆《よしたか》（一五〇七～一五五一年）が家臣のクーデターで倒されたため、「公家《くげ》化して弱々しかったから滅亡した」などと、下克上の典型として語られてきました。

葉室　一番最後の負け試合の印象が強くて、弱いチームというイメージになった。しかし本当は、博多を支配した大内氏のように、地方政権でも交易権を握れば、日本をリードする大勢力になりえた。それが戦国時代を経ると、そう思われなくなる。京都に上って将軍を助けることで権力を握るといったルールが、織田、豊臣、徳川と続いたためにあったように思われますが、本当は違うんじゃないかと思うんですね。

伊藤　織田信長が足利義昭《よしあき》を奉じて京都に上って、天下に号令かけたという話で言えば、実はその六十年前、同じことを大内義興《よしおき》（一四七七〜一五二八年）がやっています。第十代将軍だった足利義稙《よしたね》は政変で京都を追われるのですが、周防《すおう》に逃れた義稙を奉じて上京し、将軍に復帰させています。

葉室　九州の人はどちらかというと大内氏よりも大友氏のイメージが強いですね。

伊藤　大内氏と大友氏は友好関係を結んだり、戦闘状態になったりしながらも、基本的には北部九州や博多の支配を争うライバル関係にありました。

葉室　江戸時代以降の博多しか念頭にないから、大内氏と大友氏が博多を巡って争ったなんて全然イメージできないんですね。

伊藤　戦国時代の九州の勢力図として島津、龍造寺《りゅうぞうじ》、大友の三勢力が対立したという構図を、多くの人がイメージしますが、それは戦国末期の最終局面にすぎず、大内氏も滅亡していましたから。

葉室　大内氏を念頭に置かないと中世の東アジア海域で果たした博多の役割も分からない。なんとなく博多が戦乱で荒廃して、秀吉が復興させたという話だけになります。

伊藤　戦乱で荒廃した博多を、大内氏は何度も復興させます。それが地元の博多商人たちの支持を得るのに重要でした。

葉室　大内氏を見直さないと、朝鮮とも貿易をしていた実態も見えてこないですね。

伊藤　明との貿易が朝貢貿易だったように、朝鮮との貿易にもルールがありました。始まりは、朝鮮国が朝鮮半島を襲う前期倭寇に対しておこなった懐柔策です。一定のルールを守って平和な通交者として朝鮮へ来るなら経済的利益を供与するという政策です。出費はかさむが平和にはなる。これで倭寇勢力が平和な通交者に変身します。

ところがだんだん朝鮮側が出費で苦しくなる。そこで、来航者のすべてを接待するという優遇はやめて、倭寇対策に影響を与えるような有力者に限定して通交を許可していくようになります。博多商人も次第に有力者の使者として貿易する時代になります。その中で、大内氏というのは朝鮮側から優遇されるランクが足利将軍についで高い有力者でした。

葉室　大内氏は祖先が朝鮮出身という伝説がありましたね。

伊藤　自称ですけど、古代の朝鮮半島にあった三国の一つ、百済《くだら》の聖明《せいめい》王の第三王子である琳聖《りんしょう》太子の末裔《まつえい》といっています。

葉室　本当に家系的にたどれるのですか。

伊藤　琳聖太子という人物は、大内氏が創り出した架空の人です。また、大内氏も最初から琳聖太子の末裔と称していたわけではありません。最初は十四世紀の終わり頃に「百済の末裔」を称して、朝鮮側に土地を要求しています。朝鮮側がもめて、国王は「百済の故地をあげてもいい」と言うのですが家臣が大反対します。そのうちに主張していた大内義弘《よしひろ》（一三五六～一三九九年）が応永《おうえい》の乱により堺で足利義満に討たれて亡くなり、うやむやになります。

――大内氏は朝鮮側に相当優遇されていたのですね。

伊藤　頼りになる存在でした。朝鮮側が日本に倭寇取り締まりを要請した際、当時の室町幕府の出先機関・九州探題《たんだい》の今川了俊《りょうしゅん》が倭寇討伐の軍勢を朝鮮半島へ出すのですが、大内義弘も軍勢を一緒に出しています。朝鮮が苦慮している倭寇を討つことで、朝鮮との通交において有利な立場になるのが目的です。

葉室　朝鮮側にも「大内氏は百済の末裔」との認識があったのでしょうか。

伊藤　当初はたぶんなかったと思います。後の時代ですが、大内教弘《のりひろ》（一四二〇～一四六五年）は朝鮮側に対して、「琳聖太子が日本を来訪した時のいきさつを記した『琳聖太子入日本之記《にゅうにほんのき》』という本をくれ」と言い出すのです。そんな本は当然ありません。その子・大内政弘《まさひろ》（一四四六～一四九五年）も「琳聖太子以前の歴史が分からないので教えてくれ」と主張する。朝鮮側は百済と高句麗《こうくり》の建国神話を記したものを代わりに提供します。大内氏は大内家の神話をつくるために、神話のネタを朝鮮側に対して求めるのです。

葉室　武士は、天皇を中心とした秩序の中で、官位などで自分を位置づけようとするのですが、その点で大内氏は独自ですね。

伊藤　日本の通交者が朝鮮に行くとき、「源」姓や「平」姓といったいわゆる「源《げん》平藤橘《ぺいとうきつ》」（他は藤原と橘《たちばな》）のような、中央の由緒ある貴族、武家の末裔としての姓を称することが多いのですが、大内氏は「多々良《たたら》」という姓を名乗ります。「多々良」という地名は、山口県防府《ほうふ》市、周防国の国府跡のあたりに今でも残っています。

伝説によれば琳聖太子はその多々良浜に来たとされています。確かに「多々良」を名乗る人たちが平安時代に周防国の国府で働いていたことが古文書で確認できます。

葉室　その辺の感覚が面白いですね。国内をあまり見ずに、自分のところは朝鮮の系譜というのは。

伊藤　大内氏の祖先神話では、琳聖太子が日本に上陸するのは聖徳太子の時代です。聖徳太子とともに琳聖太子は日本の仏法のために物部《もののべ》氏らと戦い、その結果、聖徳太子から「多々良」の姓と「大内」という土地をもらったというのです。いわば琳聖太子は日本仏教の恩人として語られています。

葉室　朝廷から官位をもらうのに、そんな祖先神話は悪影響になるとも思うのですが。

伊藤　応仁《おうにん》の乱の際、西軍の主力として京都に上洛《じょうらく》した大内政弘は、『新撰姓氏録《しんせんしょうじろく》』という、貴族の家のルーツを記す平安時代に編纂《へんさん》された本を閲覧します。その中に「多々良」もあるのですが、そのルーツは「任那《みまな》」（古代朝鮮で百済と新羅《しらぎ》の間にあった、朝鮮半島南部地域の諸国の総称。現在は「伽耶《かや》」という表現が一般的）と書いてあった。今まで百済の末裔と主張していたので、『新撰姓氏録』のネタは祖先神話には使えなかったようです。

それでも大内氏が京都で気を遣ったようなことはありません。むしろ宣伝している。おそらく「百済の末裔」というのが良かったのでしょう。百済は日本に仏教を伝えてくれた国です。しかも聖明王は日本に仏教をもたらした張本人です。琳聖太子は、その子供というのがミソなんだと思います。

――ルーツを外国に求め、宣伝までするのは非常に特異ですね。

伊藤　武士がルーツを「源平藤橘」に求めたというイメージも、織豊《しょくほう》期から江戸時代の影響が大きいのではないでしょうか。列島の周辺、九州や東北の武士たちが中世にどんな人物を自分のルーツに求めたのか調べたことがありますが、「源平藤橘」以外にも、その地域で武名をはせた人の末裔を称する例が多いのです。九州では寛《かん》仁《にん》三(一〇一九)年の「刀伊《とい》の入寇《にゅうこう》」で大陸から侵入した女真族を撃退した藤原隆《たか》家《いえ》や、大宰府を襲撃した藤原純友の乱を鎮圧した功労者大蔵春実《おおくらのはるざね》などです。大内氏のように朝鮮に求めた例や、中国・漢の高祖《こうそ》の末裔を名乗った一族もいます。

――ルーツを外国に求めるのは九州の特徴でしょうか。

伊藤　中世は地方の時代です。地域権力が何にアイデンティティーを求めるのかといえば、その地域で意味のある人物でした。だから九州なら九州の英雄だけでなく、すぐ外にある異国にも求めます。ところが東北の外には異国がなく、蝦夷地《えぞち》という異域しかないので東北では異国にルーツを求めることはまれでした。九州と東北にはそうした違いがあるのです。それが秀吉や家康が全国を統一すると、地方独自のアイデンティティーに意味がなくなり、みんなが中央由来のものにアイデンティティーを求めるようになるのです。

葉室　中世が地方の時代というのは面白いですね。地方でも外交や貿易をちゃんとやっていけた時代。活力もあった。それが統一国家ができると、地方が収縮してしまう。

伊藤　大内氏はバランスもいい。京都に対して大きな影響力を持ちつつ、室町幕府や朝廷に対して敬意を払う一方で、外国との貿易も積極的にやった。

葉室　京都や外国にもつながれた。そんな存在があったことをもっと見ないといけない。中央の大きな権力だけで考えては、日本のイメージが小さくなってしまう。日本が本来もっていた姿というのは、大内氏を見つめることで、浮かび上がるような気がします。

第四章　国家と宗教

山口輝臣（やまぐち・てるおみ）
東京大学総合文化研究科教授。一九七〇年神奈川県出身。東京大学大学院、九州大学准教授などを経て現職。著書に『明治国家と宗教』『明治神宮の出現』『天皇と宗教』（共著）など。

明治以降の天皇

葉室　山口さんは近代国家と宗教を研究テーマにされています。その場合の近代国家は、欧州の国家も対象に含まれるのですか。

山口　基本的には近代日本が対象ですが、比較のために欧州の国家を横に置いてみていく場合があります。私が大学に入学したのが一九八八年。翌年には天安門《てんあんもん》事件があり、ベルリンの壁が崩壊、やがて東西ドイツが統一する一方、ソ連邦は解体します。そんな時代の変わり目に触れながら、今後、宗教や民族が重要な要素になっていくだろうという見通しを持ったのです。大学院生の時にオウム真理教の事件が起き、自分が研究課題と選んで掘っている鉱脈自体は間違っていないと確信しました。

葉室　現在も中東の情勢に象徴されるように、宗教と民族が世界的な問題として浮上しています。私のような戦後世代は宗教の問題を軽視する傾向にありますが、それは改めなければならないと思います。

日本は明治時代に入り、天皇制に基づく近代国家として出発していますが、天皇と宗教の関係は分かりづらい。天皇は宗教の中にあるのか、それとも外にあるのか、気になっているところです。天皇の問題で言えば、司馬遼太郎は明治以降の天皇を プロシアのカイザー(皇帝)と考えました。日本にとっての近代化はすなわち西洋化であり、欧州各国にはそれぞれ皇帝がいます。日本がそんな国々と対等に付き合うためには、皇帝を作る必要があった。つまり、江戸時代までの天皇に対する感覚と、明治以降の天皇に対する感覚とは違う。江戸時代までは文治の象徴の天皇であり、江戸幕府に対抗する一つの求心力でした。明治時代になり、宮中祭祀《さいし》は国家事業から切り離されます。このことが端的に天皇の役割の変化を表している気がします。皇帝的な天皇になることで宗教性が失われていったのではないでしょうか。

山口　天皇の皇帝化で言えば、孝明《こうめい》天皇が亡くなり、明治天皇へと代替わりしたことが決定的に大きいと思います。皇位に就いた時まだ十代前半だった明治天皇は、周囲の者が望む色に染めていきやすい存在でした。ただその結果として出現した天皇がいかなるものであったかは、もう少し慎重に考えてみる必要があります。例えば、司馬が恐らく違和感を持ちつつみていたであろう彼と同時代になされていた研究は、天皇制絶対主義という考え方をとっていました。全能に近い天皇が自由に権力を行使するシステムであるという見方でした。しかし、実際のシステムはかなりの部分制度化されていて、現実的には天皇が自由に裁量できる余地はほとんどありません。その点を考慮すると、明治以降の天皇はドイツなどの皇帝というよりも英国の立憲君主型に近いと言えます。

そうすると、戦前の天皇と戦後の天皇との差も、世間で言われているほど大きなものではないことになりますし、明治以降の天皇だけをとりわけ別扱いにしなくともよいのかもしれません。ただ戦前期の天皇には、重要な役制が数多くあり、宮中祭祀もそうしたものとの関わりで捉《とら》えられていました。そして制度化が進み、天皇の裁量の余地が減り、代替わりを重ねるとともに、かえって宮中祭祀にかける意欲が増していくという現象が見られます。

葉室　幕末のころ、日本にとっての脅威は米国よりもロシアの南下だったと思います。恐らく近代化に当たっては、ロシアに対抗できる国家にしようというイメージを持っていたはずです。英国は海洋国家として、海軍の力でロシアを抑えられた。プロシアは陸軍の力が強い。ビスマルクがいて、大臣クラスの人間が外交を仕切って強みを発揮した。ただ、ロシアはロシア正教といった具合に、それぞれの国には宗教があるわけです。私はさっき天皇の皇帝化と言いましたが、キリスト教的な国家宗教をどう構築するかということが、日本の近代化の課題だったと思います。明治になって起きた廃仏毀釈《はいぶつきしやく》は、国家的宗教を目指す動きと関連しているのでしょうか。

山口　廃仏毀釈は、神仏分離の指令に反仏教の風潮が乗っかる形で起きました。そのため、神仏分離のその先をどうするかが争われました。さまざまな構想が唱えられましたが、当時、現代の我々がイメージする宗教という言葉が明確に存在したわけではありません。そういう意味では、国家的宗教を樹立しようとしていたのかと言われれば、少し違うかもしれません。

葉室　逆に言えば、国家宗教的なイメージを持ち切れなかった。

山口　神仏分離にはほとんどが同意し、廃仏毀釈にも多くが合意しますが、その後に何を樹立するかに関してはなかなか合意が得られず、尻《しり》すぼみになっていきます。

葉室　明治維新では国家神道的な復古の状況が一瞬来ますが、その流れはすぐに変わってしまいます。古来、天皇家は仏教はすぐに容認しましたが、キリスト教はなかなか受け入れなかった。戦国時代でもイエズス会の布教を京都で最初に禁じたのは朝廷ですよね。仏教とキリスト教、どこに違いがあるのかと考えてしまいます。もっとも戦後すぐには、昭和天皇がクリスチャンになるのではないかという話もあったようですが……。

山口　明治期にもまず天皇が率先して洗礼を受けてほしいという主張はあります。しかし、明治天皇自身が洗礼を受けようとした形跡はありません。一方、ゴリゴリの神道に対しても否定的でした。

葉室　普通人の感覚に近い。

山口　はい。恐らくそうした考えが政府内でも多数派だったと思うのです。明治十年代には僧侶《そうりょ》や神職が反キリスト教運動を繰り広げます。欧化と呼ばれる時代ですが、国内で西洋化が進む分、軋轢《あつれき》もかなりあって、キリスト教と仏教、神道の間で抗争がしばしば起きます。実はこれは大きな問題でした。と言うのも、日本以外の東アジア諸国は宗教間の抗争がきっかけになり、西洋諸国の介入を招くことが多かったのです。例えばフランスは、アジアの国で自国の宣教師が殺されたりする事件が起きると、宣教師を引き揚げさせるのではなく、軍艦を派遣しました。日本政府はそうした事態だけは避けたいので、特にカトリックの動向には目を光らせました。一方、国粋派の中には、政府が西洋化路線をとっていること自体、キリスト教に有利な状況を作り出しているので許せないという意見までありました。しかも当時はまだ国会がなかった。何か問題が起きると、矛先はすべて政府に向かうことになります。政府はそれに耐えられません。それらを考え合わせると、政府が率先してキリスト教を国家宗教に選ぶのは難しかったと思います。

葉室　なるほど、複雑な事情があったわけですね。

山口　日本は明治に入り、議会制民主主義を導入しました。それまではキリスト教徒が多数を占める国以外で、憲法に基づく議会制を運営した例はありませんでした。しかし、日本に定着したことで、議会制民主主義を目指す国々は、必ずしもキリスト教にこだわらなくてもよくなったのです。日本の成功例は議会制民主主義の可能性を劇的に広げた面があります。

葉室　今振り返ると、天皇制を採り入れながら、議会制民主主義をよく定着させたなと思います。ただ、絶えず限界はあるわけで、戦争でさらに矛盾は深まることになります。近代の日本人にとって宗教とは、天皇とは一体何だったのか。もう一度問い直す必要があると思います。

山口　政府が意図的に宗教を個人の信仰の問題だけにする仕組みを作った側面もあると思うのです。明治期の日本が国レベルの宗教を示さなかったために、国民の信仰の自由度は高まります。十九世紀後半ごろ、西洋のほとんどの国よりも日本の方が信仰の自由があると、当時の人々は考えていました。実際、法的な規制もほとんどなかった。結局、国家の宗教をどうするのか、という問いに真正面から答えるのではなく、答えなくて済むようにしたのです。その結果、人々は宗教のあるべき姿について考えなくなりました。戦前、一部の新宗教を弾圧したことへの反省もあり、戦後は戦前以上に信仰の自由を認めることになります。

葉室　宗教と国家をある意味切り離していく。キリスト教国は宗教に基づく価値観で相手の文明、文化を否定します。イスラム国もそうです。日本人は宗教は個人の問題だと思っていますから、その辺がなかなか理解できません。極端に言えば、オウム真理教のように社会なんかどうでもいい、自分たちだけが助かり、超越的な能力を持てればいいという思考に陥りかねません。こうなると究極の個人主義です。

その意味では、社会とは何なのかを考える宗教があり得るのではないかという気もします。宗教が担うべき課題とは何なのでしょうか。

山口　基本的には宗教者が考えるべき問題だと思います。私は学者は一歩引いて宗教と接した方がいいという立場です。宗教者は数も多く、その気になればいろいろなことができるはずです。近代日本に宗教を争点化しない仕組みが出来上がったのは、宗教者が大きく関わったからです。きっかけを作ったのは僧侶の島地《しまじ》黙雷《もくらい》です。宗教者の活動の余地を広げるのではなく、狭める可能性があることが分かっていながら、黙雷は政教分離を訴え、それを政府に実現させていきます。黙雷の末裔《まつえい》たる現代の宗教者たちが、どんな活動ができるのか、みなさんで考えてほしいと思います。

天皇家の信仰

葉室　キリシタンの黒田官兵衛を主人公に据えた『風渡る』を書くときに史料を調べたのですが、なぜキリスト教が定着しなかったのか、不思議な気分になりました。彼キリスト教はフランシスコ・ザビエルの時代から立派な人を送り込んできます。

らは命の危険を冒して来日し、地上での名誉や富は必要ないと思っています。人格的に優れているのは間違いありません。ただ、だからといって日本人が宣教師に従い、信仰を変えるのかというと話は別になります。

話はそれますが、後に映画やテレビドラマにもなった富田常雄《とみたつねお》の長編小説に『姿三四郎《すがたさんしろう》』があります。この作品は西洋化に反対する人たちが登場します。そして、古来の柔術を近代化させて柔道が生まれる物語でもあります。

柔道家、姿三四郎のモデルは会津藩出身の西郷四郎《さいごうしろう》です。四郎は長崎《ながさき》に出て新聞記者になりますが、久留米《くるめ》にも来たことがあり、そこで宣教師を川に投げ込んでいます。彼はいわゆる国粋的な大陸浪人の一人だったかもしれません。

山口 明治になり、欧米の宣教師が日本に入ってきますが、それを見て日本の仏教者も海外に出ていくようになります。先頭を切るのが浄土真宗《じょうどしんしゅう》の東西本願寺《ほんがんじ》です。ただし、朝鮮や中国に行っても、相手にしたのは主として現地に住む日本人です。彼らの宗教的フォローをするのが主な役目であり、欧州の宣教師の布教活動とはやや性格が異なります。

葉室 例えば、東アジア諸国の中でも、朝鮮や中国にはそれなりにキリスト教が浸透します。日本も戦国時代にはキリスト教の信者が約七十五万人いたとも言われますが、最終的には数は激減します。宣教師の圧倒的自信に対する拒否感に加え、キリシタンの排他性、闘争的な部分が嫌われた原因の一つかもしれません。

山口　明治の初期などでも、キリスト教は他者との軋轢を拒まなかったところがあります。そう遠くないうちに自分たちが天下を取るという自信に裏付けられて活動しています。キリスト教の台頭が死活問題だった仏教の僧侶たちだけでなく、一般の庶民にも不安を引き起こしていた面があると思うのです。

葉室　最近、政治学者の原武史《はらたけし》さんの『皇后考』を読みました。大正天皇の妃《きさき》で後の貞明《ていめい》皇后について紙数が割かれています。天皇家における宗教との関係も論究されていて、怪しげな宗教者が出てきたりします。実は宗教の問題はリアルに、しかも俗っぽく国家体制に絡んでいたのではないかという気がします。

山口　原さんと私とでは史料の解釈がかなり違っています。原さんは貞明皇后の神道色を強調し、私は仏教色を強調します。どちらが正しいのか、難しい問題ではありますが……。

葉室　仏教色を強調するというのは、どういうことですか。

山口　大雑把に言えば、戦前期には神道は宗教でないとされていたため、天皇家は宗教がない状態になってしまいました。しかし、むしろそれゆえに、天皇家にはさまざまな宗教が入り込み得た。近代の天皇家は本願寺系の仏教者たちと何重にもわたる血縁関係があります。だが、それとは別に、貞明皇后は法華《ほっけ》経系の信仰を保持していたのではないかというのが私の見立てです。言語による世界を超えた神道への帰依を意味する神ながらの道を説き、貞明皇后にも影響を与えた人物に東京帝大教授（法理学）の筧《かけい》克彦《かつひこ》がいます。筧の著作を読むと、文脈や前後関係から貞明皇后としか推定できない人物とのやりとりが出てきます。そこで書かれているのは、結論が神ながらの道になっていればいいということです。行き方はともかく、行き先が神ながらの道になっていればいいと。すべての教えは最終的には一つになるという万教帰一《ばんきょうきいつ》論的な考え方です。貞明皇后がある皇族に法華経を勧めたり、大正天皇の棺《ひつぎ》の横で南無妙法蓮華経《なむみょうほうれんげきょう》と記すよう発願したことは史料から分かっています。筧の言い方に従えば、貞明皇后の場合は、行き方が法華経だったと言えるのではないか。つまり、天皇家は神道一元論ではなく神仏二元論。身もふたもない言い方をすれば、大多数の日本人と同じような信仰を持っていたのではないかと私自身は考えています。

葉室　法華経を日蓮《にちれん》宗で捉《とら》えると、戦時中は石原莞爾《いしはらかんじ》がよく引き合いに出されます。満州事変での軍人たちの集合写真を見ると、横に「南無妙法蓮華経」と書かれたのぼりが写っています。

山口　国家主義だけに向かうわけではないのですが、国家主義の系譜は間違いなくあり、その中にはそうそうたる人物が含まれます。彼らは日蓮の信仰を強く保持しています。しかし、貞明皇后の場合は史料的には法華経としか出てこないのです。法華経は仏教の基礎的な経典の一つなので、皇后の信仰をすぐに日蓮宗や日蓮主義と結びつけるのははばかられます。ただし、何かを信じたとしてもその信仰をやめさせるすべはありません。男性は天皇家に生まれるわけですが、女性は外から皇室に入ってきます。英国の王室は結婚時に改宗させますが、天皇家の場合、嫁ぐ以前に持っていた宗教を改宗させることはできません。なにせ天皇家に宗教はなかったのですから。

神仏分離で仏教色は薄くはなりますが、仏教の生きる余地はあったわけです。近代の天皇も近世までの天皇と同じように、僧侶《そうりょ》に称号（大師《だいし》など）を与えることができ、実際に現在もしています。天皇家と仏教の関わりは近代以降になっても続いているのです。天皇を祭祀《さいし》王とみると、神道一元論的なイメージになり、これに明治の神仏分離が加わると、近代の天皇は神道しかないと思い込みがちですが、実際はそうではない。例えば、京都の東寺《とうじ》（教王護国寺《きょうおうごこくじ》）では今も正月に「後七日《ごしちにち》の御《み》修法《しほ》」という行事を執り行います。天皇の衣を寺が受け取り、加持祈禱《かじきとう》をして返却します。神仏分離を経たにもかかわらず、天皇家が神道と仏教、両方と結びつきを持っている側面は忘れてはいけないと思います。

葉室 明治以降の庶民と同じです。普通の感覚が天皇家でも保たれていると考えてもいいのかもしれません。同時に、大正天皇や昭和天皇は西洋好みでした。不思議な自由さがあります。また、昭和天皇は一夫一婦制を選びました。とても開明的です。だからこそ天皇制は国民に支持され、存続し得たのではないでしょうか。

山口 日本人の平均的水準からみて、天皇家が特別な信仰の持ち主ではないとした場合、キリスト教もそれなりに受容していいということになります。

葉室 多くの国民は天皇に対し、ストイック(禁欲的)で清廉であってほしいというイメージを思い描いています。宗教的に例えるなら、その像はキリスト教のピューリタンに近い。仏教は人間の業を受け入れ、浄土真宗に至っては「悪人正機説《あくにんしょうきせつ》」です。国民が求めるイメージとしての天皇は、キリスト教的な部分に寄り添うところがあるのかなという気がします。

山口 ピューリタンのイメージで言えば、それを壊しかねないのが側室の問題です。大正天皇以降は側室を持たない決断をしていますから、ピューリタン的なイメージをより投影しやすくなっていると思います。

葉室　我々日本人はそうしたストイシズムに対するあこがれを持っています。日本では武士がストイシズムを満足させてくれる象徴的な存在です。

山口　明治初期の日本のプロテスタントは、かなりピューリタン的な色彩があります。禁欲的だった武士たちがプロテスタントになり、西洋化にともなって周囲が欲望に流されていく中で、自分たちだけはそうはならないぞと誓う。クリスチャンと言えば何となく進歩的なイメージを思い浮かべがちですが、道徳的には保守的な人たちです。発想としては、儒教を国の教えにしろと主張する儒者と同じだと言えます。

明治初期にはそういうストイシズムの権化のような存在がありました。

葉室　儒教にはストイックなイメージがあまりない気がしますが。

山口　かつてはストイックな感覚がかなりあったと思います。道徳的な倫理観に基づいていますから。道徳的なことを教えようといった場合、儒教になります。ただ、明治に入ると宗教を取り巻く状況が大きく変わります。仏教などの宗教者は明治になっても数の変動こそあれ、死滅はしません。これに対し、儒者は中国哲学者などに転身した一部の人たちを除き、事実上いなくなってしまいます。

葉室　明治維新が革命だとするならば、モラルハザードが起こる。前時代までの道徳を破壊することですから。欲望も花開きます。そうした中にあって、当時の人々にも道徳的な規範を持ちたいという考えはあったはずです。だから、その規範を武士に求めたり、ピューリタンに求めたりした。その衝動はバブルの時代を経て、いまだに続いているのではないかと思います。我々も道徳的な規範がなかなかつかめず、何かにすがって自分を律したい気持ちを抱いています。宗教はそういう道徳規範を指し示す部分を持っていますから、現代、そして未来においても必要とされるに違いないと思います。

第五章　柳川藩 立花家

植野かおり（うえの・かおり）
立花家史料館館長。一九六一年大分県出身。九州大学文学部卒。御花史料館史料室長を経て現職。専門は近世美術。九州諸藩の大名道具の悉皆《しっかい》調査・目録編纂《へんさん》事業にも数多く参画。

葉室　九州の大名を取り上げた展覧会が福岡で続いています。福岡市博物館で開催された「大関ヶ原展」では立花家史料館の史料も紹介されていますね。

植野　「大関ヶ原展」は東京、京都、福岡の三都市の巡回展ですが、黒田長政の「銀箔押《ぎんぱくおし》一《いち》の谷形《たにな》兜《りかぶと》黒糸威《くろいとおどし》五枚胴《ごまいどう》具足《ぐそく》」（福岡市博物館蔵）をはじめ、福岡展だけで公開される史料が少なくありません。黒田長政は言うまでもありませんが、立花宗茂や鍋島勝茂《かつしげ》などの九州の大名もクローズアップした内容になっています。

葉室　私は京都展を見ましたが、甲冑《かっちゅう》の迫力が印象に残りました。福岡展では宗茂所用の「伊予札《いよざね》縫延《ぬいのべ》栗色《くりいろ》革包《かわつつみ》仏丸胴《ほとけまるどう》具足《ぐそく》」（立花家史料館蔵）が呼び物の一つですね。

植野　この甲冑は関ヶ原の合戦の頃に製作されたと考えられています。主な武器が弓矢だった前時代の甲冑は大きな袖《そで》や大きな吹き返しの付いた兜が特徴的でしたが、戦国時代に入り、鉄砲の普及と城郭戦の発達が、甲冑のスタイルに劇的な変化をもたらします。この時に現れた甲冑を当世具足《とうせいぐそく》と呼ぶのですが、「伊予札～」は当世具足の完成形と言っていい。まったく無駄がありません。江戸時代に入ると戦がなくなり、立花家の甲冑も厳しく機能性追求に向かうことはなく、通り一遍になってゆきます。しかし、戦国時代の武将は体を守る甲冑の機能とデザインに関心を持たざるを得ません。その頃の甲冑には身に着ける人の好みや志向が反映されるため、個性的な姿だったんですね。

葉室　「伊予札～」にはどの辺りに宗茂の個性が出ているのでしょう。

植野　特徴的なのは兜です。兜の後立《うしろだて》に挿されていたのは尾《お》長鶏《ながどり》の尾羽です。鳥の羽を兜に用いた西国の大名は立花宗茂と細川忠興《ほそかわただおき》ぐらいではないでしょうか。黒田長政の大水牛脇立兜《だいすいぎゅうわきだてかぶと》や本多《ほんだ》忠勝《ただかつ》の鹿角脇立兜《かづのわきだてかぶと》など基本的にはモチーフの本物は使われず軽く作られます。折れたり、外れたりするので、武将たちはスペアを持って戦場に出向いていました。しかし、宗茂が用いたのは本物の鶏の羽でした。近年の修復では熊本《くまもと》県八代《やつしろ》市の五家荘《ごかのしょう》の久連子《くれこ》地区に伝わる古代踊りにも使われている久連子鶏の羽を久連子鶏保存会の皆様のご厚意で特別に提供していただきました。黒っぽく見えますが、角度によっては玉虫色に光る大変美しい尾羽です。

宗茂の甲冑は鉄の地鉄《じがね》が厚く、装備全体で二十キロ近い重さになったと思います。兜だけでも四キロと非常に重い兜です。平均的な兜の一・五倍くらいでしょうか。甲冑から推測すると、宗茂の身長は百八十センチ近かったのではないでしょうか。大ぶりで重い甲冑は、筋肉質だった宗茂の体格の良さを物語ると同時に、用心深い性格を表していると思います。

葉室　実戦を想定した甲冑だったのでしょう。最近は若い人たちの間で刀剣ブームが起きていると聞きました。

植野　テレビドラマ「民王《たみおう》」に、宗茂の愛刀、波游兼光《なみおよぎかねみつ》が登場しました。（二〇一五年）十月からは当館のスペシャルサポーターに熊本城おもてなし武将隊の立花宗茂さんをお迎えすることになっていまして、刀剣とそれを持っていた武将への人気が特に女性に高まっています。史実のみではなく、サブカルチャーと呼ばれる二次創作の世界観からの影響が大きい。彼女たちはまるで聖地を巡礼するように、史料館に展示してある刀剣に対しても「見に来た」ではなく「会いに来た」という言い方をします。

葉室　好きな刀を尋ねる芸術雑誌のアンケートがあり、私は石田三成の「石田正《まさ》宗《むね》」を挙げました。でも、刀剣は工芸品である以前に、人を斬る武器だったということを忘れてはいけないと思います。

植野　同感です。

葉室　植野さんは近世の風俗絵巻が専門でしたね。

植野　火事、地震の災害絵巻の研究に取り組んできました。絵巻は日本独特の文化です。中国にある巻物の絵は日本のように時空間が展開されることはあまりありません。

葉室　日本の絵巻はアニメみたいに物語になっています。

植野　物語を伝える手段なのです。巻き広げながら鑑賞することによって臨場感あふれる体験をします。平安時代に隆盛した絵巻は、江戸時代に入り、時空間展開の表現手段が著しく発達します。そして一続きの絵だけでストーリーを伝えるような災害絵巻が登場します。そこには、説明文に当たる詞書《ことばがき》がまったくありません。

葉室　有名な大火が描かれているのですか。

植野　江戸の三大大火（明暦《めいれき》の大火、目黒行人坂《めぐろぎょうにんざか》の大火、丙寅《ひのえとら》の大火）はだいたい絵巻になっています。このうち、私が研究対象とした絵巻は、目黒行人坂の大火を題材にしています。元となった江戸時代中期ごろの絵巻が明治時代の初めごろまで写し継がれます。火の見やぐらで火事を発見し、火消しが現場に駆けつけ、鎮火に至るパターンは共通しています。

葉室　先ほど、絵巻には詞書がないと言われましたが、火災の起こった年や、発生場所を示す文字情報もなかったのですか。

植野　そうです。ここまで徹底されると、何か意図があったのではと思うほどです。

葉室　題材の推定はできるのですか。

植野　そこが絵解きです。描かれている風俗や町の状況、登場する火消しなどを重箱の隅をつつくようにしながら見て、推定していきます。

葉室　絵巻は大名家が保管したのですか。

植野　絵巻は製作費が高価ですからほとんどが大名家の収蔵品です。十代の若い絵師が絵巻を写し、その経緯を巻末に書き記した例もあります。奥書を読むと、火事絵巻のあまりの臨場感に興奮したので借り、六ヵ月かけて写したというようなことが書いてあったりします。絵巻に接した江戸時代の人々は、現代の私たちがバーチャルリアリティー（仮想現実）の映像を見せられているみたいな衝撃を受けたはずです。この臨場感を人に伝えたいという思いが、絵巻を写す原動力になったのでしょう。

葉室　大名家はどんな目的で絵巻を所持していたのでしょうか。

植野　火災の記録を残すためというのが一般的な見解でしたが、私は違うものもあったと思います。もしそうなら、詞書がなくてはならない。研究対象とした一連の火事絵巻は、純粋にワクワクドキドキの臨場感を与えるようなアミューズメント的要素の高いものだったのではないでしょうか。

葉室　火事自体がスペクタクル（壮大な見せ物）でした。

植野　江戸の火事の状況を当時の随筆や御触書《おふれがき》を通して調べていくと、江戸の人たちはお上に何度も止められても火事場見物に出かけたことが分かります。江戸の人たちの物見高さ、やじうま根性です。

葉室　火事とけんかは江戸の華です。焼け出された人は気の毒ですが、建築などの需要も生まれます。元禄の頃は火事で大もうけし、成り上がった者が現れるようになります。

植野　ボランティアも非常に多かったようです。幕府はお救い小屋を設けますし、蓄えのある町人は競って寄付をします。寄付が一種の流行になるような現象も起きます。

葉室　日本人は昔から災害時になると、しっかりとした対応をします。幕府も策を施しますが、そんなに人々から評価してもらおうとは思っていない。当たり前という感覚があったのでしょうね。

植野　江戸の火事では火消しが花形です。町火消し、大名火消し、それぞれに持ち味があり、人々は大名火消しのきらびやかさや、町火消しの勇ましさを見に行く。当時、農民が火消しの格好をして火事場に行ってはならないというお触れが出ました。火消しに成り切っちゃうお調子者がたくさんいたということでしょうね。火事の絵巻では火消しが活躍し、ラストは必ず江戸城とお日様の周りを鶴が飛んでいるみたいな感じで締めくくられます。

葉室　米国の映画に似ていますね。自分たちは困難や災害に立ち向かい、それを乗り越えたというメッセージが感じられます。

植野　立花家には大名火消しが出てくる絵巻も伝わっています。実際はどうだったのか分かりませんが、その中では立花家の火消しがヒーローとして描かれています。私は大名火消しといっても、殿様が現場に出ることはないと思っていたのですが、江戸時代中期頃の藩主の書簡を見る限りそうではなかったようです。夜中に二度火事場に出動し、ほとんど寝ずに翌日登城し、くたびれたとぼやく例もあり、けっこう大変だったようです。

葉室　消防団に入っている感覚ですね。大名家ゆかりの絵画といえば、福岡市美術館で開催された「肉筆浮世絵の世界」展で立花家史料館所蔵の春画が陳列されていますね。

植野　江戸時代中後期、京都で活躍した狩野《かのう》派の絵師、勝山琢眼《かつやまたくがん》による「春画巻物」です。さまざまな階層の十二組の男女が慈しみあう様子が描かれています。

葉室　大名家に伝わる春画は性教育を目的に、お姫様が嫁入り道具として持参したと思っていたのですが。

植野　嫁入り道具の可能性は否定できませんが、お姫様も楽しみながら見たのではないでしょうか。春画の世界は男女が対等な立場。健康的で男女の営みの素晴らしさが伝わってきます。立花家が所蔵するさまざまな絵巻物の中でも佳品の一つと言えます。登場人物は着物を羽織っていたり、着物がそばにあったり。そうした布の海が美しい。この時代の細やかな色彩感覚も見どころです。大名家伝来の春画巻物の公開は恐らく初だと思います。福岡市美術館さんはよく思い切って企画してくださったと拍手したい感じです。

葉室　春画には日本人の性に対する感覚が投影されています。裏で隠された卑猥《ひわい》なものではない。人間の成り立ちを指し示しています。その意味では古事記の神話と同じ。ある種のおおらかさが感じられます。

初代藩主　宗茂

葉室　戦国ファンの間では、関ヶ原の合戦で西軍総大将の毛利輝元《てるもと》が立花宗茂と一緒に籠城《ろうじょう》し、戦っていたとしたら、徳川家康率いる東軍に勝利していたのではないかと言われています。

植野　よくそういった「もしも」のお話を聞くことがありますね。しかし、私は、もし宗茂が本戦に臨んでいたら、立花家は滅亡していたかもしれないと思うことがあります。本戦に間に合わず、大坂での籠城もかなわずに宗茂が九州に戻ってきたことは長い目で見て、宗茂にとって、さらに今の立花家と柳川《やながわ》にとっては良かったのではないかと思っています。

葉室　植野さんは立花家史料館以外の仕事が増えているそうですね。

植野　九州の大名家の史料、特に大名道具の調査を幾つか引き受けています。九州の大名家は比較的まとまって史料が残っている例があります。中でも質と量でいえば、細川家史料はトップクラスですね。細川家伝来の美術品、史料などを所蔵する永青文庫《えいせい》（東京）は、史料の一部を熊本県立美術館に預けており、その調査をお手伝いしています。他には、久留米の有馬家史料や都城《みやこのじょう》の島津家史料の悉皆《しっかい》調査もやらせていただきましたが、それぞれに特色ある大名文化の厚みを感じました。佐賀の鍋島家史料や福岡の黒田家史料、平戸の松浦史料博物館さんの所蔵する松浦家史料の充実ぶりにも目をみはるものがあります。

葉室　先日、和歌山《わかやま》の高野山《こうやさん》に出かけたのですが、そこで宗茂の墓を見つけました。ほかに、島津など九州の大名家や、武田信玄、織田信長、豊臣秀吉の墓までありました。

植野　宗茂は高野山大圓院《だいえんいん》のほか、京都・大徳寺《だいとくじ》の塔頭《たっちゅう》でもありましたし、江戸の大名寺といわれた広徳寺《こうとくじ》にも墓があります。戦国時代の武将は有力寺院のスポンサーだったため、複数の墓所が残っている例が見られます。そして、江戸時代初期、中国から入ってきた黄檗宗《おうばく》の文化が花開きます。立花家も例外ではありません。二代藩主忠茂《ただしげ》によって黄檗宗の福厳寺《ふくごんじ》が柳川に創建され、立花家の菩提寺《ぼだいじ》となりました。

当時の大名にとって黄檗宗は、中国からもたらされた最新流行のような感覚があったと思うのです。教養だけでなく、ファッション、グルメ、音楽が一緒に入ってきたような感じでしょうか。立花家でもいわゆる戦後世代の大名は、そうした刺激的な文化に魅了されたことでしょうね。

葉室　今、立花家が注目され、ブームになっている気がします。

植野　この五年ほどは右肩上がりで立花宗茂、道雪《どうせつ》、誾千代《ぎんちよ》姫関係の史料利用や取材等のオファーが増えてきています。立花家史料館に来られる方も以前は年配の男性が多かったのですが、現在は若い方や女性の姿も目立ちます。

葉室　もともと地元の戦国の歴史ファンの中では道雪と宗茂は根強い人気がありました。宗茂と誾千代に代表されるように、今でも妻とセットで愛される戦国武将は少ないと思います。

植野　確かに二人の人気はどっちが高いのか分からないくらいですね。

近年、大友家の流れをくむ立花家は大分で顕彰の機運が盛り上がっています。一族は大友宗麟《そうりん》を支えた存在として捉《とら》えられており、宗茂は現在の大分県豊後高田《たかだ》市で生まれています。大分の皆さんにとっては郷里の武将という意識があって、うれしく思います。

葉室　私は海音寺潮五郎の作品で初めて宗茂の人間像に触れました。海音寺が描く宗茂は欠点がない。あまりに優等生過ぎるため、魅力に乏しかったのかもしれません。海音寺文学が書かれた昭和の時代は、信長みたいに性格が破綻《はたん》していた武将がもてはやされる風潮がありました。

植野　宗茂に欠点はなかったのか、よく聞かれるのですが、私もずっと疑問でした。でも書簡などの史料を見る限り、欠点というか暗い影のような部分をまるで感じさせないんです。性格的にバランスがとれており、育ちのよさを感じさせます。

葉室　実父の高橋紹運《たかはしじょううん》、養父の道雪もまっすぐに生きた人物です。宗茂はこの二人を見て育っていますから。

植野　宗茂は元服する頃に道雪の養子になりますが、実質的には人質と考えられています。ほぼ単身に近い状態で立花山《たちばなやま》城に入ったのでとりまきにちやほやはされなかっただろうと思います。本人も家臣や周囲に気を遣い、いろいろな人たちに支えられながら生きていったのではないでしょうか。

葉室　父親同士が認め合っている関係も大きかったのかもしれません。人質と言っても、お互いが同盟的に組んでいきたいと願っている。だから、道雪は宗茂を大事にしました。

植野　福岡市博物館学芸員の堀本一繁《ほりもとかずしげ》さんに立花家史料館で講演していただいたことがあります。黒田家が所蔵する宗茂の書簡の話が面白かった。関ヶ原の合戦の後、黒田長政に宛てたものです。戦も終わり、今度はゆっくり積もる話を語り明かしたい。自分は一介の浪人になったからよろしく頼む。そんなことが書かれているというのです。合戦の折には敵対し、宗茂に柳川城開城を迫った相手です。なのに何の遺恨も感じさせないし、悪びれる風もない。宗茂の性格がよく出ていると思います。

葉室　当時の武将は実力次第で相手を見ていた面があると思うのです。良くも悪くも朝鮮出兵で戦っていますから、いわばオールジャパンのチームメート同士。この体験は大きかったと思います。

植野　中国中央テレビ（ＣＣＴＶ）と韓国放送公社（ＫＢＳ）が協力し、文禄・慶長の役（万暦《ばんれき》朝鮮戦争）をテーマにしたドキュメンタリー番組を制作するそうで、ＣＣＴＶから取材を受けました。どのように取り上げられるのか、興味深いものがありますが、中国全土で放映されることになるのではないでしょうか。初めてのことでしょうね。

葉室　いずれにせよ、宗茂の存在が中国で知られるのは歓迎すべきことです。私は西国無双の猛将とうたわれた宗茂とその妻、誾千代を題材に『無双の花』を書きました。『山桜記《やまざくらき》』の中に収録されている短編「牡丹《ぼたん》咲くころ」も立花家の夫婦の物語です。こちらは、宗茂の甥《おい》に当たる二代藩主・忠茂と、伊達家から嫁いだ鍋姫《なべひめ》が登場します。植野さんから教えていただいた、忠茂の手紙に着想を得た作品です。この手紙を通し、大名家にも深い夫婦愛があったのだと初めて知りました。

植野　私も正室と大名の間には男女の愛はあまりないのではないかと漠然と思っていたのです。しかし、柳川市史編纂《へんさん》事業が進んでいき、この書簡の存在を当時調査を担当された市史の調査員さんから教えていただき、ごく普通の人間的な心の通い合いが垣間《かいま》見え、感銘を受けました。鍋姫と忠茂は特別仲がいい夫婦ですね。

葉室　正室は江戸で暮らしますよね。

植野　国許《くにもと》に帰ることは許されず、一生江戸で生活します。しかも参勤交代がありますから、一年間は別居生活です。江戸時代中期、五代藩主貞俶《さだよし》と正室松子《まつこ》の様子が分かる書簡が残っているのですが、彼女は夫が国許に帰った間だけ鬱《うつ》になります。寂しくて寂しくて、何もする気にならない。朝起きても髪も結わない。その落胆ぶりを心配し、家臣がその様子を藩主に知らせます。すると藩主から返事が届く。妻（正室）を元気づけさせようと、役者を呼んでくれとか、神社の参拝に連れ出してくれとか、そんなやさしい心遣いが細かく書いてあるのです。

葉室　大名家の正室だから支えてくれる侍女などが周りに大勢いたはずです。それでも猛烈に寂しい。子供がいるとその辺りの状況は変わってくるのでしょうか。

植野　立花家でいえば、初代藩主・宗茂は子供がいませんでした。跡継ぎとして甥を養子に迎えますが、後室の瑞松院《ずいしょういん》が本当に愛情深く育てていることが史料からうかがえます。仲の良かった二代忠茂と鍋姫は子宝に恵まれました。二人の結婚の翌年に生まれた男子が三代藩主鑑虎《あきとら》となります。これは家にとって素晴らしく幸運なことです。なぜなら藩主と正室の間に生まれた最初の男子が元気に育って次の藩主になる場合、お家騒動が起きる要因がほとんどないからです。そして、二人の愛情を惜しみなく注がれて育った三代目は、優しい男性に育ったのでしょうね。忠茂と鍋姫の位牌《いはい》を並べて一緒に納めた小さな厨子《ずし》があるのですが、実はこの厨子を作ったのが息子の鑑虎です。

葉室　大名家にも愛があるというわけですね。

植野　家族愛もありました。お家騒動について言えば、結局は跡継ぎ問題に収斂《しゅうれん》されます。立花家では藩主と正室の間に男子が生まれ、元気に育って次の藩主となるパターンが三代四代と続きました。家の安泰の一因はここにもあったのだろうと思います。

葉室　現代人は自由に恋愛し、周りから祝福されておしまいでかまいませんが、江戸時代の大名家はそうはいかなかった。さまざまな障害や制約を背負いながら、自らの役割を果たして初めて本当の愛にたどり着ける。大変ではありますが、人間の在りようとしてはいいのかなという気がします。

第六章　日本人と憲法

南野　森（みなみの・しげる）
九州大学法学部教授（憲法学）。京都府生まれ。東京大学法学部、東京大学大学院法学政治学研究科、パリ第10大学大学院などを経て、二〇一四年より現職。著書に『憲法学の世界』『憲法主義』（共著）など。

葉室　『憲法主義』を読ませていただきました。集団的自衛権の問題にまで踏み込んで話をしている点がタイムリーだと思います。憲法問題を学びましょうではなく、自分たちにとっての憲法問題とは何かを考えましょう、という姿勢が新鮮でした。
ところで、憲法問題＝九条と考えられがちですが、私はそれがよく分からない。日本国憲法の第一章（一〜八条）で最初に取り上げられているのは天皇です。第二章（九条）が戦争の放棄、第三章（十〜四十条）は国民の権利及び義務という構成になっている。つまり、戦後の憲法の成り立ちを考えると、憲法のメインにあるのは天皇制なのです。九条は敗戦の状況の中で一～八条を守るために差し出された証文みたいなもの。天皇制が存続できるなら、我々（日本）は武器を持たないという趣旨です。

もし、九条が現実的な議論の対象になるとすれば、日本国内から米軍基地が完全になくなり、日本が米国の軍事的保護・傘下から抜け出し、なおかつ九条を持っている場合です。しかし、戦後、占領軍がいなくなった後も米軍基地は日本国内に存続し、いまだ日米安保同盟体制は堅持されている。自衛隊もある。要するに、日本から軍事力がなくなった時代は一度としてないのです。さらに、日本は朝鮮戦争にもベトナム戦争にも反対せずに基地提供を続け、米国を支持してきた。戦争にコミットしているのは明らかです。そんな現実があるのに、一～八条と合わせてワンセットのはずの九条だけを憲法解釈の中で議論することにどれだけ意味があるのか、疑問を抱いています。

南野　いきなり根本問題ですね。もともと近代の憲法にとっては、王様の権力と軍隊の権力をどのようにコントロールするかが最大の課題でした。つまり憲法にとっては、王権と軍事権は切っても切れない関係にあるといえます。そして葉室さんがおっしゃる通り、日本国憲法の九条は昭和天皇を守る交換条件としてGHQから出されたものです。ところが、戦後、象徴天皇制になり、かつてのように天皇が政治権力を握る恐れが憲法上はなくなった。さらに、戦前つまり旧憲法下での天皇と、戦後つまり新憲法下での天皇が、昭和天皇という一人の人間において「連続」していた昭和期とは異なり、最近では、あるべき天皇像について、憲法学で論じられる機会もいっそう減ってきていると思います。

軍隊の問題で言えば、小学生でも憲法九条を読んだら自衛隊は違憲だと思うでしょう。しかし、そこをみんな承知した上で、自衛隊は九条二項が禁じている「戦力」には当たらないとみなしている。日本に駐留している米軍も、まごうことなき軍隊ではあるけれど、日本政府が指揮・監督しているわけではないからやはり憲法九条には反しないという理屈です。「屁理屈《へりくつ》」だと非難されたり、「欺瞞《ぎまん》」や「ウソ」があると言われることもありますが、それでも、戦後ずっとそういう考えを貫いてきた効果は絶大でした。集団的自衛権が行使できないというのも自衛隊が「戦力」ではないからですし、攻撃的兵器をもてないのも、また海外で武力行使できないのも同じです。自衛隊は、「普通の軍隊」ではなく、あくまでも日本を防衛するための「必要最小限度の実力」なのだという歯止めがかかっていた。その意味でも、朝鮮戦争以降、九条の果たした役割は大きかったと思います。憲法で天皇の問題を本来論じるべきだという主張は正論だし、過去にはそんな時代もあった。戦後初期にはそのような観点からの天皇制廃止論・憲法改正論も主張されました。しかし、現実には天皇と軍隊が本来結びついていたということは意識されなくなり、また天皇そのものが現実政治の表舞台に登場しなくなる。九条が憲法論の課題であり続けるのとは対照的に、天皇論は憲法学の主要課題ではなくなってきたのだと思います。

葉室　歴史小説を書く立場からすると、天皇は中心課題みたいな部分があります。私は天皇に対する日本国民の歴史的な評価はまだ確定していないと思う。ただ、天皇制に反対する側が九条を支持し、憲法を全部守ろうと訴えるのはおかしい。逆に、保守・右派の側が現在の天皇制を守ろうというのであれば、護憲であるべきです。現実には双方とも矛盾した状態になっている。

米軍に守ってもらいながら、日本は何もしていないではないかという意見も聞きますが、それは違うと思います。日本は米国に基地を提供し、思いやり予算（在日米軍駐留経費負担）まで支出している。これ以上負担を増やすなら、日本は米国の五十一番目の州になってしまう。

どんな大義名分があろうと、戦争は国家暴力。日本が戦争をしないのは、憲法や日米安保同盟があるからではないと思います。日本人は先の大戦で戦争は嫌だと身にしみ、懲りたから戦争をしない。主体的な選択です。問題はその思いを今後も持続できるかどうかです。

南野　憲法改正を訴える安倍晋三《あべしんぞう》氏（二〇二二年逝去）は初の戦後生まれの首相です。現代の日本では悲惨な戦争体験が徐々に語り継がれなくなり、厭戦《えんせん》感が国民の中にそれほど残っていないのではないかと、私は心配しています。安倍政権がやろうとしているのは、まさに米軍のために自衛隊を展開しようということ。それが果たして安倍首相が目指していた「美しい国」なのか、本来の意味での保守なのか、疑わしいと思います。

葉室　自由民主党の英訳は the Liberal Democratic Party（ザ・リベラル・デモクラティック・パーティー）。言葉通りならリベラル派を意味します。戦後はすべての政党がリベラルか左派の陣営に入り、その中で対立しているに過ぎない。右派はガラガラの状態。それはなぜかと言えば、もともと日本の近代的な天皇制国家に大きなフィクションがあったからだと思う。明治政府は欧州に合わせ、天皇を近代型皇帝にした。いまだその洗脳がさめやらぬ状態のため、右派が立ち上がれないのです。

南野　明治の憲法制度はプロイセン（現代のドイツ）などの例を参考にして作られた、完全な新設制度でした。明治天皇は江戸時代までの天皇とは全然違う存在です。

だから、日本の自称保守の人たちが「天皇万歳」と叫ぶ場合、どの時代の天皇像を指すのかという問題が出てくる。

葉室　江戸時代の徳川幕府は武力で政権を取っただけです。明治政府は文治・徳治の天子である天皇を利用したが、フィクションのモデル（欧州）が悪く、帝国路線を突き進んだがために日本は第二次世界大戦で敗北する運命をたどる。

南野　改憲論に話を戻せば、普通の国であれば、国の仕組みを変えようとして議論が起こり、そこから憲法改正の動きが出てくるものです。ところが、日本で改憲論と言えば、九条問題に集約されてしまいます。実にいびつです。護憲派には何か他の条文を変えると、九条改正につながるのではないかという懸念がある。憲法の中に改正した方がいい条文が他に存在するであろうにもかかわらず、あえて主張しない。不幸と言うか、日本の憲法論議の特殊性と言うか……。

葉室　戦後は日本社会と象徴天皇制の組み合わせがうまく機能した。でも、歴代の天皇をみていくと、後醍醐《ごだいご》天皇を除けば象徴天皇的な性格が強い。そういう意味では象徴天皇制は本来の天皇のあり方になじんでいると言える。

改憲論者の中には現憲法は米国に押し付けられたものだからよくないとする意見がありますが、私は別に押し付けでも構わないという立場です。それを言うなら、大日本帝国憲法は押し付けではないのか。そもそも近代化そのものが欧米から押し付けられた感がある。たとえ押し付けであったとしても、それをどのように理解し、運用して、真に自分たちのものにしていくか。その過程が大事だと思います。天皇制の問題にしても、日本の社会の成り立ちの中に天皇は根付いており、今も存在している現実があります。それを私たち日本国民がよしとするかどうかという問題でしょう。

南野 同感です。私も、憲法は押し付けられたかもしれないが、で、それがどうしたの、今ごろ何を言ってるの、という立場です。押し付けられた側面のあることは否定できないけれど、そこから戦後七十年の積み重ねをすべてご破算にすべきだという議論には到底賛同できません。そして天皇制について言えば、憲法の一条に「天皇は、日本国の象徴であり日本国民統合の象徴であって、この地位は主権の存する日本国民の総意に基づく」と書かれています。これは実は恐ろしい条文です。国民が総意で「いらない」と判断すれば、天皇制は廃止できるという意味合いまで含んでいる。

葉室 憲法は近代国家の成り立ちの中での産物です。今の体制がずっと続くわけではない。すでに欧州は欧州連合（ＥＵ）になりました。それぞれの国の憲法はどれだけの意味を持っているのでしょうか。日本が参加している環太平洋パートナーシップ協定（TPP）も同じ。関税障壁を取り払うということは、一つの市場を共有する国になることを意味します。つまり、現在の国家像はいずれ変容を迫られる。でも、私はそうなる日まで現憲法を守ればいいのではないかと思います。単純に言えば、日本に米軍基地が存在し続けている限り、憲法改正する意味がない。改憲によって日本が戦える国になれば、米国だって敵になる可能性が出てくる。現状を考えれば、日本から米軍基地を全部なくすのは非現実的です。そんな中で憲法の条文だけを書き換えても仕方がないと考えます。

安保法成立という転機

葉室　日本人は聖徳太子の憲法十七条にある「和を以《もっ》て貴しと為《な》す」という考え方が好きです。明治政府の基本方針「五箇条の御誓文」の骨格を成す「万機公論に決すべし」という理念も国民に受け入れられてきました。欧米の国会議論とは少し異なる感覚です。そういう意味では、現在の日本国憲法も私たち日本人と結びついている部分がある。日本では憲法も法律の一つと捉《とら》える人が多いと思うのですが、欧米ではどうなのでしょうか。

南野　明治時代にconstitution（コンスティテューション）を「憲法」と訳してしまったのが、もしかすると日本にとっての不幸だったのかもしれません。「憲法」と訳してしまうと、「民法」や「刑法」のように法律の一種だと直感的に思うのではないでしょうか。もちろんそれが完全な間違いというわけではありませんが、それだけでは不十分です。欧米語でのコンスティテューションは、骨組みや（国の）構造などを意味します。そこからして、欧米人と日本人とでは憲法についての理解が違うのではないか。最近は日本の憲法学者の中で、あえて「国制」という言葉を使う人も増えてきましたが、本来、憲法とは、日本という国の、あるいは社会の根本的な形を指す言葉です。つまり、憲法を考えることは、「この国のかたち」を考えることにつながります。

葉室　では、欧米のコンスティテューションとキリスト教は関係があるのでしょうか。

南野　人間には生まれながらにして人権があるという考え方が中世から近代にかけて、ヨーロッパで徐々に理論化されます。この人間尊重の思想の源流をたどっていくと、キリスト教に行き着きます。

葉室　欧米はキリスト教的な人間観が土台になり、国のコンスティテューションが出来上がった。では、日本の場合、憲法の土台になったのは何なのか、という問題が浮上します。

南野　一八八二（明治十五）年、のちに初代首相になる伊藤博文が、大日本帝国憲法を作るためにドイツなどに調査に出向きます。現地でいろいろ勉強すると、欧州で国民をまとめあげ、社会のベースになっているのはキリスト教、つまり宗教だと知る。ところが、当時の日本では神道にも仏教にもそのような力はない。日本をまとめていく精神的な支柱となりうるものは天皇しかない、という結論を伊藤は出しています。

葉室　日本は一般の人々が立ち上がり、王権を倒した経験が過去に一度もありません。人権や国民の権利と言ったところで、皮膚感覚では理解できるはずがない。明治維新にしても、いわば武士階級の体制改革に似た側面を持っています。そういう状況で生まれた明治憲法とは一体どんなものなのか、多くの国民はよく分からなかったのではないでしょうか。

南野　福沢諭吉《ゆきち》や中江兆民ら、当時の知識人は明治憲法をわりと高く評価しています。ただし、葉室さんがおっしゃったように、国民が圧政に抵抗して勝利し、自分たちで作った憲法ではない点が不安だとも指摘しているんですね。まさに慧眼《けいがん》です。明治レボリューション（革命）とは言いながら、その点が欧米とは決定的に異なります。

葉室　現在の憲法に代わり、新しい憲法を我々日本人の手で作っていく、いわゆる創憲を訴える向きもありますが、私はこれまでの歴史的経過を顧みたとき、日本人が欧州型の憲法を作っていくことができるのか、疑問に思わないでもありません。改憲を主張する人は外国の脅威を根拠として挙げますが、現在と比べると、戦前の外国との関係の方がずっとひどかった。これは厳然たる事実です。ヘイトスピーチにしてもそう。昔はもっと根源的な差別があった。周囲の国に対する蔑視《べっし》感が、日清戦争につながった面は否定できません。ただ一つ、忘れていけないのは、戦後七十年間、私たち日本人が現憲法を保持してきたという事実です。つまり、九条があるから戦争をしなかったのではなくて、九条を盾にして戦争しなかったのです。根底にあるのは、戦争をしたくないという切なる思いです。閣僚の靖国神社参拝が問題として取り上げられるのも、日本人にとって戦争の記憶がいまだ生々しいことの表れの一つではないかと思う。憲法九条の改正に反対する「九条の会」がノーベル平和賞候補として取りざたされていますが、何も九条だけにこだわらなくてもいいのではないかと思います。日本の新聞・テレビは毎年、八月十五日の終戦記念日が近づくと、紙面や番組で大々的に戦争問題を考える特集を組みます。戦後、日本人が平和を求め続けてきたことの証《あかし》です。これほど手間と人手、お金をかけて精力を傾注し、継続的に戦争問題の報道に取り組んでいるメディアを持つ国は、世界中を探してもそうそう例がないと思います。

南野 私も今年（二〇一五年）は八月十四、十五日と続けてテレビの終戦特集に出演させていただきました。日本のメディアはその辺の番組作りは熱心に、しっかりやっていると思います。

葉室 平和ボケという言葉の定義はごく単純。戦争をしたがる人が平和ボケです。平和でありたいと思う人はボケてはいない。戦争の苦しさを忘れてしまった人が戦争をしたいと言い出す。ところが、戦後七十年の節目の年に安保法制が成立してしまった。

南野 今回の安保法制の成立は日本にとって極めて重大な転機となるのではないかと思います。法律が通ったことで、今後は自衛隊が海外に出て行き、戦闘に巻き込まれ、ひょっとすると「殺し、殺され」という最悪の結果がもたらされるかもしれない。多くの若者を含む国民各層から反対運動が起こり、それほど重大な案件であったにもかかわらず、国会では正常な議論が十分できないまま法案が通ってしまったことが残念でなりません。

葉室　日本を本当に自立した国にしようと思うのなら、もっと別にやることがある。その最たる例が、明治以来、現代に至るまでずっと続いている沖縄《おきなわ》切り捨て政策の見直しです。沖縄だけに米軍基地が集中している問題は、何としてでも解決しなければなりません。

世界的には憲法を改正している国が多いという指摘がありますが、改憲する国にはそれだけの理由があり、日本は変えない理由があったということ。そこをきちんと見ないといけない。改正するのは不備な憲法だったというだけの話でしょう。日本から米軍がいなくなったのならいざ知らず、戦後、憲法が制定されたときと現在の日本の状況は本質的に変わっていない。だから憲法も変える必要はないというかできないんです。そもそも、戦争ができない国の何がいけないのでしょうか。戦争は国家暴力です。防衛論は常に国家暴力の免罪符として使われてきました。これからも同じことでしょう。

南野　日本も米国などと一緒に血を流したいという話ですからね。皮肉な話ですが、昨年から今年にかけて、憲法解釈を変更し、集団的自衛権を認める安保法制が話題になったためか、私とAKB48の内山奈月《うちやまなつき》さん（二〇一六年、AKB48卒業）との共著『憲法主義』も想像以上に売れました。憲法にかつてないほど関心が集まっている気がします。安倍首相は来年の参院選で憲法改正を問うと言っていますから、憲法について考える機会が今後も増えることになりそうです。

葉室　一気に改憲に向かって流れができていくのかもしれません。先の内閣改造でつくられた一億総活躍担当相のように、本当は実体がないにもかかわらず、ポジティブなフレーズを乱発して国民に明るい未来を信じ込ませ、何とかして選挙を乗り切ろうという意図が見え見えです。しかし、いざ改憲が現実問題となれば、改憲を訴える人たちが「本当に自分たちは改憲したいのか」という問題に直面するはずです。改憲し、日本の自衛隊が戦争できるようになれば、とたんに日米関係は悪化すると思います。米国の目には、日本は軍隊を持って何かを企てているとしか映らない。日本に対して絶対不信を抱きます。

良くも悪くも現憲法は得がたい機会の中で誕生し、ある種の知恵のかたまりみたいな部分がある。なぜこんなに憲法が改正しにくくなっているかということをぜひ考えてほしい。簡単に垣根を低くして、憲法を改正しようというのはいかがなものかと思います。

南野　葉室さんはどういう天皇の在り方が日本にはふさわしいと考えますか。

葉室　日本は災害列島です。国の中心にいて祈りをささげるシャーマン的な王様が必要だった。そういう意味では今上《きんじょう》天皇（現上皇）が常に祈られるのは、本来の天皇のあり方だと思います。しかし、それが未来永劫《えいごう》保持できるとは限らない。文化的な象徴になるという在り方が江戸時代には普通だったことを思い出す必要がありあます。もともと朝廷は長い間、近畿にあった。関東は武家政権の聖地であり、本来、天皇がいるべき場所ではない。明治維新のとき、政府は東京に置き、天皇は近畿にとどまるという選択もあり得たのではないかと思います。

日本人とは何か――あとがきにかえて――

日本人はなぜ戦後の日本を愛せないのか？

ずっとこのことを考えています。

評論家の渡辺京二《わたなべきょうじ》さんに『近代の呪い』という講演録があります。人間というのは、近代まではいろんなクッションのなかに生きていた。家族、部族、家など。それが近代国家が成立したと同時に、国家とダイレクトに繋《つな》がってしまったという話です。

自我の解放であり個人の確立がなされました。様々なしがらみからの脱却だったわけですが、逆に言うと国家に隷属してしまった。

要するに戦争に行かなくてはならなくなったのです。

江戸時代までは、戦争するのは武士だけで、島原《しまばら》で乱が起きても侍や足軽《あしがる》が行けばよかった。それが、全員が行かなくてはならないというのが、国民国家の恐ろしさです。近代までは、その国民国家を作ることが歴史のゴールでした。しかし現代において考えると、それはゴールではなかったのではないか、という疑問が湧いてきます。

敗戦によって明治以降の日本の国家体制はご破算になりました。見方を変えると、薩長藩閥や軍閥政府から天皇が解放されたといってもいい。明治天皇が薩摩と長州に擁され、昭和天皇が軍部の台頭により、自らの意志のままに動くことができなかったのは、様々な見方はあるにしても一定の歴史的事実なのではないかと思います。

だとするならば、天皇が武力ではなく徳によって治め、軍事はアメリカに任せ、国民は経済と文化だけを目指していくというのは、ある種の理想的な形かもしれません。

しかし誰もそれが理想だとは考えなかった。

敗戦後、日本は連合国に占領支配されながら、レジスタンスは起きなかった。なぜなのか。敗戦後の日本は国家の成り立ちが曖昧《あいまい》でよくわからなくなったのかもしれません。

日本人とは何かという問いかけに対し、いまだ回答がないと言えるのではないでしょうか。

憲法九条についてですが、憲法制定におけるマッカーサーと日本側のやりとりを考えると、アメリカ国内で天皇の戦争責任が高まるという圧力の中で日本が戦争放棄という条項を受け入れた。いわゆる「国体護持」という戦前社会から見れば最大の課題のために、日本人は武器を捨てた、と考える方がわかりやすいのではないでしょうか。

天皇制の安全性を保証するため、わが国が再び軍国主義に陥らない証《あかし》として戦争を放棄したとしても不思議ではないからです。

ただ、われわれはそのことにふれないようにしてきただけなのではないか。

日本は江戸時代に尊皇心が高まりますが、その根には朱子学があります。

幕末には、朱子学から独自に派生した水戸学が多くの志士に影響を与え、反幕府の原動力となりました。清が興《お》きて明が滅び、中国には天子が治める国がなくなった。

そして日本だけが唯一、天子の国として残った。

幕府よりも尊い存在として天皇がいて、天子が徳で治める国はアジアでも日本だけだ。覇道を退けて天皇を尊崇するのが理想国家であるという考えです。

しかし、明治維新の後、この考えが逆転します。

「明治天皇はプロシアのカイザー（皇帝）だ」と司馬遼太郎が言っていますが、近代国家成立のためにヨーロッパ型の皇帝を天皇に転用していきます。

江戸時代までにあった徳治の天皇を、覇道の天皇に変えていった。ただひとつ問題があって、ヨーロッパにあるキリスト教が日本にはなかった。

キリスト教に代わるものを作らなければならなくなり、それが国家神道でした。そのなかで廃仏毀釈というものを押し進めていくのですが、山奥にある寺ですら追いやられて神道にとってかわられていった。

日本人にとって初めての近代国家体験はこうしたものでした。

日本は、鎌倉時代から武家の世になりました。言うならば地方開発地主連合が支配しました。

究極の地方分権国家でした。天皇を神聖君主的なカリスマとして擁した地方コミューン連合国家であったかもしれません。それが明治になった途端、突然、中央集権国家になったのです。西欧諸国のアジア進出にともなうグローバリズム化の中で統一国家を急造せざるを得なかった。

そのために近代的な天皇制国家を造り上げました。ところが、その国家が戦争で敗れた。敗戦後、日本はアメリカを中心とする連合国に占領されました。そして独立回復後も国内に米軍基地が存在し続けた。

その状態を属国と呼ぶのか、占領の継続と呼ぶのかはわかりませんが、日本人は戦後について明確な議論を避け、独立を回復したという虚構にすがってきたのかもしれません。

普通に考えれば、自国の中に外国の軍事基地があるというのは屈辱にほかならないのですが、現在、そうは感じない人もいます。むしろ、日本を守るために必要なのだ、と考えるのでしょう。

とても不思議なことで、独立すること、自立すること、それらの妨げになるものにノーと言えるのが本来の姿だと思いますが、そこが丸々と見失われて議論にもなっていかない。

そして、憲法の条文を変えさえすれば現実が変わるかのように改憲論議が進められています。現実の外交や政治は変わらずに気分だけ独立しようということなのか、とても不思議です。

何より必要なのは幕末から明治にかけての近代の総括ではないでしょうか。日本はヨーロッパの国のようになりたい、と近代化の道を歩んできましたが、それが正しかったかどうかの見直しですね。

日本人の肖像というのを考えたかったのは、日本人が本来的に持っている特質を浮き彫りにしたかったからです。

日本人は本来、社会コミュニケーションでは親和的でありたいという欲求があり、「対話」を大事にします。日本人のことをきちんと考えれば、自惚《うぬぼ》れや独善的な認識ではなく、いろいろなことがわかってくるはずです。

感動することが世の中を変えていく

歴史的にみると、日本人というのは平明で独善的でなく、健やかだと思います。そんな日本人の社会は江戸時代の在り方に象徴されていますが、厳密な意味での全国統一政権でなくても平気だった。地域ごとに国があり、人々がいて、参勤交代をやって中央と地方を循環させていました。余計な虚飾や過剰なものを求めず、懸命に生きることをよしとしていたと思います。

仏教美術でも、最初はけばけばしいものだったのが、色を失っていき、侘《わ》びとか寂《さ》びとかいったものに美しさを感じるようになっていきます。

派手派手しい大きなものよりも、かそけきはかないものを好む人々です。

アジア大陸の周辺国家、列島国家で、しかも火山国で自然災害というものが身近にあった。海洋国ゆえに、漁や旅で海に出たら無事に帰れるかわからない。自分たちがいつどうなるかわからないという意識が根っこにある。

天皇の持つシャーマニズム性というのは、究極的にひとびとの安全を祈るということにあるのではないでしょうか。

現世の非永久性を感覚として持っているということかもしれません。災害列島で生きていくのは苦しいものです。

常に死ぬことを考えている。法然《ほうねん》の浄土宗《じょうど》では死が前提にあります。苦しい世の中でも、死んでしまえば解放される。はかないところで生きていく意識において、天皇制というのは合致していると思います。

常に祈る人がいて欲しいという意味です。

日本の英雄には、ヨーロッパ型の大権力で壮大な英雄というのはいません。

豊臣秀吉は社会的な身分、階層がシャッフルされた戦国乱世時代の〈下克上〉を体現した庶民のひとりだったというのが本質ではないかと思います。

時代の中に何人もの秀吉がいて、その中のひとりがたまたま関白太政大臣《かんぱくだじょう》の座に座ったということではないでしょうか。

「露《つゆ》とおき露と消えにしわが身かな　浪華《なにわ》のことは夢のまた夢」という秀吉の辞世

の歌には彼もまた、かそけき生き方をした日本人のひとりだということがよく表れています。

ところでヨーロッパ型のロジックで世の中を変えるという発想は日本にはなじまないのではないかと思います。それは、何事も根回しや談合で進める馴《な》れ合いの社会だということとは違います。

世の中を変えたければ、人間そのものの考えを変えなくてはならないと思います。

抽象的な文言のようですが、理論で社会を変えることができるというのは、やはり「革命」というヨーロッパ社会の幻想に基づくものではないでしょうか。

では、何が人間そのものを変えるのか。本居宣長が言う「もののあはれ」というのがひとつの答えではないか。

やはり心が動く、感動することが大事です。

感性を大事にすることであり、感受性を守るということです。

ありがちな涙ではなく、本当にたった一人で世の中と向き合った時に得られる感動の涙を持つということです。

鎌倉武士は、何かに感動してよく泣いたといいます。同時に、「名こそ惜しけれ」と思っていました。これは評判を気にするという意味ではないでしょう。何よりも自分自身に恥ずかしくない人間でありたいということではないでしょうか。

日本人は感動することを大事にしている国民です。

いまでも俳句や短歌を趣味とする人が多いですし、日常的に自分が何に心を動かされたかを感じ、それを言葉にしようとしている。とても大切なことだと思います。心が何かを感じるということは政治的なことではなく、論理とは切り離されたものです。直接、社会に影響を及ぼすものではないのかもしれませんが、実は世の中を動かし、社会を作っていく。

国の基本は論理ではなく、感性ではないか。例えば、愛情を大切にするというのは経済合理性からはみ出た感性の役割です。

そのことを支えるのが、内なる倫理、あるいは矜持《きょうじ》ではないか、と思うのです。

歴史のなかには、そういう日本人像が息づいています。

一方で日本人は貪欲《どんよく》なリアリズムを持つことがあります。生き抜くためにはリアルでなければならないことも承知しています。だからこそ、戦後の経済の高度成長期があり、バブルの時代があったのでしょう。

理想と現実とその両極端に振れる心を持つことが日本人の特質だと思います。振幅の大きさが日本人とは何かをわかりにくくしていると思います。

ですが、どれほど揺れても結局、戻ってくるところがある。

自立してストイックでパブリックなものに奉仕でき、しかも、惻隠《そくいん》の情を持ち、自己を詩《うた》として表現できるサムライという人間像に魅《ひ》かれ続けるのではないかと思うのです。

そんな日本人は、実は戦前も戦後も変わりなく存在し続けているようにわたしは思います。

◇

この本の前半は、毎日新聞西部本社学芸課長でデスクの矢部《やべ》明洋《あきひろ》氏との対談の形で進められました。

わたしの雑駁《ざっぱく》な話が矢部氏の力によって整合性のあるものにまとめられていったというのが実感です。わたしの意見というより、矢部氏の理解力、構成力をもとにした「対話」であるということに意味があるのではないかと思っています。

矢部氏は平成二十六（二〇一四）年十一月に脳梗塞《のうこうそく》と脳出血の病に倒れました。病状の詳しい説明は避けますが、最も活動的で雄弁な新聞記者がその能力を発揮できず、闘病を続けています。

矢部氏が病に伏した後、学者の方々との対談を重ねさせていただきましたが、「対話」をするという基本は矢部氏のときから引き継いだものです。

闘病中の矢部氏と彼の家族は明るくたくましいことも付け加えておきます。そのことに、わたしは生きる意味を教えられました。

特別収録

対談　司馬遼太郎をめぐって

安部龍太郎（あべ・りゅうたろう）
歴史小説家。福岡県生まれ。図書館司書を経て、一九九〇年『血の日本史』でデビュー。中山義秀文学賞、直木賞ほか受賞歴多数。著書に『平城京』や『銀嶺のかなた』などがある。

――小説を書きたいと思われたときに、司馬さんはどういう存在でしたか。

葉室麟　歴史時代小説を書きはじめたときは、司馬さんみたいになりたいと思いました。当然なれなくて、いまも違う方向ばかり書いていますが。人を酔わせる存在で、レトリックの巧みさに憧《あこが》れました。なろうことなら自分もそうなりたいという幼い野心は抱きました（笑）。

安部龍太郎　我々の世代で歴史小説を書きはじめた人は「俺も司馬さんのようになってやる」と、みんな思ったのではないでしょうか（笑）。

葉室　やっぱり言葉によって歴史の見方が変わる。歴史の見方が変わると世の中変わって見えるし、自分が変わって見える。そう思わせるところが司馬さんの最大の魅力です。たんに「おもしろかった」で終わらない。司馬さんが考えて書かれたなかから世の中が変わる部分がある、と思っています。

安部　司馬さんを意識すると自分のものが書けなくなる。司馬さんほどの学識も経験も力量もないわけですから。あんな巨大な人と自分を比べたりすると、もう自分は書かなくてもいいじゃん、という話になる。だけど、小説家として自分が表現したいものはあるわけで、自分自身に立ち戻って物語を書くしかない。巨大な引力に引きずられるのを恐れるように、これまでずっと距離を置いてきました。

　自分は井戸のように深く掘り下げていく書き方しかできないので、それを進めていった。巨大な壁である司馬さんに対して「いや、そうじゃない」と思うことで、表現者である自分の立場を確立しようともがいていた時期も長くありました。

葉室　司馬さんを読むと、書かれている物語が本当の歴史だと頭に入ってしまう。自分が目撃している気になって、これは事実に違いないと。だから歴史小説を書くときに司馬さんから距離を置かないと、その世界に取り込まれてしまう。司馬さんの世界で書かれていた登場人物を自分の世界で動かす。同じ福島正則や同じ加藤清正だったり、徳川家康だったり、信長なんて最たるものです。頭に入りやすいレトリックですから。逆にいえば、距離を置いた人だけが成功するのかなと思います。

安部　そういう点では、司馬さんとの闘いを通じて大人になっていくような感じですね。

葉室　文庫の市場ではいまだに司馬さんが巨大な存在です。私たちはいまだに及ばない。ずっとやってるけど、自分の存在感を示すことが難しい。安部さんの『等伯』はありますけど、ある意味、司馬さんが書いてなかった世界だからいけてるところはあります。

安部　そうですね。

葉室　私は地方紙の記者出身ですから、もともとはノンフィクション志向です。そういう意味でいうと、私が司馬さんに惹《ひ》かれる理由の一つには、記者の文章で、ノンフィクションが軸にある作家だからだと思います。同じ見方はしない。ちょっとひねる。それに歴史的事実の中からのくりぬき方は独特です。こうだなと思ってるところだ司馬さんは、自分の気にそまないことは書かない。

けをえぐり出して作品としてしあげる。取り上げ方のシャープさに感動するところがあります。「今まで平凡に見えてた事実にこういう光を当てるのか」。自分らもそうでありたいと思いますが非常に難しくて、できたためしがない。記者の実力みたいなことに関する尊敬心と憧れがある。

安部　ほんとですねえ。もって生まれたものです。司馬作品を今回ちょっと読み直してみて、「おお、そういうことか」と思ったのは、私たちは自分の内側の目でものごとをとらえますが、司馬さんは宇宙の目みたいなものを一つもっていることでした。自分の内側の目と宇宙からの目で、常に複眼的に歴史とものごとをとらえている。「こういう目のもち方ができた作家は司馬さんしかいないんじゃないか」と思いました。

葉室　司馬さん独特のものです。ふつうは社会学的な世界観みたいなものから出てくるのでしょうが、司馬さんの場合は、ちょっと違う。

司馬さんが京都の西本願寺にある宗教記者クラブの創立メンバーで、よく寝ていたというソファがあります。私は、それを見たいと思って、産経《さんけい》新聞の論説委員の人に頼んで見に行った。司馬さんが京都にいたときの宗教記者クラブと、京大まわりの経験が大きかったんじゃないかと、そのときに思いました。司馬さんの宇宙から見る世界観のなかには仏教があると最近ちょっと感じています。

安部　それはありますね。

葉室　司馬さんが書かれた『空海《くうかい》の風景』。司馬さん自身も自信がおありだった作品ですが、そこから逆に考えてみると、司馬作品のいろんな場面に仏教的な無常観とか、世界観が根底にある気がしてます。

磯貝勝太郎《いそがいかつたろう》さんの書かれた『司馬遼太郎の幻想ロマン』にもあったと思いますが、司馬さんには幻想文学的なところがあります。それと仏教的な世界観、京大系の知識に対する尊敬、モンゴル語を学ばれた大陸への思い。そういうものが全体で司馬さんをつくっている気がします。

安部　この間、敦煌《とんこう》に行ってきました。敦煌の壁画のなかに弥勒《みろく》世界の理想としての建物があります。その建物は中国にはどこにもなくて、宇治《うじ》の平等院《びょうどういん》がそれだと一般的にはいわれています。敦煌から宇治の平等院までつながっている。そういう歴史の蓄積が京都、あるいは奈良にはあります。その空気のなかで育った司馬さんは、大陸からの風というか、東アジア全域から日本という国を見る思考訓練を早くから身につけていたと思います。それともう一つは、司馬さんのお母さんの実家が奈良の葛城《かつらぎ》。小さいころから古墳で遊んだ体験だと思う。そういうものがあいまってると思います。

葉室　単一じゃなく、いろんなものが司馬さんをつくりあげている。司馬さんが最初に書かれたのは匈奴《きょうど》ものです。関心はそこにあって、そこに行くために逆にいうと戦国ものを書かれたりしている。関心は常に西に向かってます。西からきた何かに対して物語が書かれていく。東へ関心はいかない。徳川家康にはあまり興味がなかったと思います。東国は書かれてない。伊達政宗は短編で書かれてますけど、それは彼が詩人だったからです。やっぱり京都というか、近畿《きんき》を中心に生きられた生活空間の重みがあると思います。

安部さんがいわれた西からの風というか、古代古道を通って司馬さんの実家にいくという話はおもしろい。司馬さんは戦争中に中国大陸に渡って問題意識が根底的に形作られた。それを戦後になって自分の言葉で説明された。戦争の総括のなかに「アジアとは何か」があった。アジアのとらえ方がある意味難しい時代でした。今、歴史小説家で果敢に挑戦されているのは安部さんです。安部さんは一人で中国に渡って「すごいなあ」と思いながら見ていますけど、二〇一六年は北朝鮮に行かれるとか？

安部　はい。考古学者の西谷正《にしたにただし》先生とご一緒させていただくので、北朝鮮でクーデターが起こって、あいつらを人質にして、日本政府を脅そうと思うやつが現れないかぎり、だいじょうぶだと思いますが（笑）。

葉室　司馬さんの時代って、井上靖《いのうえやすし》さんも含めて中国に関心をもつ文学者は多かった。今は、ヘイトの時代ですから外に出ていって理解しようと思わないで閉じこもってる。司馬さんはどんどん開いていきたいという思いがあって、「自分は何か？」という問いかけが常にあった。開いていくなかで、自分を確立していく。その旅をずっと続けられたと思う。「街道をゆく」で各地をまわられて「日本人とは何か」という問いかけをずっとされた。たぶんこの問いには答えがないと思う。ずっといくしかない旅だったという気がします。

――司馬作品では最初に何を読まれたのですか。

安部　私が最初に読んだのは『国盗り物語』です。久留米高専の寮にいたころ、小説好きの友人が、司馬さんの本を夢中で読んでいた。

「そんなにおもしろかとや」

と言って『国盗り物語』を貸してもらった。「歴史小説ってこんなにおもしろいのか」と思いました。

葉室　私は『竜馬がゆく』です。高校のころから、単行本で出るたびに小遣いもそれほどないのに、司馬作品をなぜか買っていた。
私は全共闘世代のちょっと下で高校のときに大学が荒れていた。内ゲバとか、セクトとかがいやだった。坂本龍馬は対立する二つのセクトの間を行き来して好かれていた。理想でした。なりたいと思わせてくれたのが龍馬で、読む動機は青春と少し結びついています。

安部　私は冒険小説のようなノリで読んでいたと思います。ラグビー部に所属していたスポーツ少年でしたから、斎藤道三がなんぞや、織田信長、明智《あけち》光秀《みつひで》がなんぞやという予備知識がない時期でした。司馬さんの雄大にして壮快な語り口で一気に読みました。『竜馬がゆく』も友人から借りて読みました（笑）。

葉室　歴史時代小説って、読む側はわりと孤独でした。みんなが読んでいるわけでもない。心ひそかな楽しみで読んでいた記憶があります。

安部　たしかに文学や思想を語ったり、政治を語ったりすることが男のたしなみみたいな時代でした。

葉室　私は子どものころ白土《しらと》三平《さんぺい》のマンガ「忍者武芸帳　影丸伝」を読みました。織田信長と農民一揆《いっき》で、戦国末期の階級闘争でした。その影響もあって中学で蘇秦《そしん》や張儀《ちょうぎ》の世界とか読んでいた。吉川英治も読みましたが、歴史のダイナミズムにかかわるような作品はあまりなかった。司馬作品と出会ったときに、なにかを感じた。個人の力で歴史を変えていくトキメキがあった。

安部　ダイナミックで、なんか心がはずむような語り口です。だから武田鉄矢《たけだてつや》じゃないけど海援隊をつくろうと思った人間は多かった気はします。

葉室　酔わせるようなところがあります。

安部　頭のいいやつは唯物史観で歴史を語っていました。司馬さんはその対極にあった。それで心のバランスをとっていたところがあります。

葉室　戦前も戦後もイデオロギーの時代でした。司馬さんはイデオロギーが嫌いで自分のあり方を模索された。一人の知識人のありようで、自由なものの考え方を切り開いていかれた気がする。私たちは全共闘世代のあとですから、思想的にはそういうものが入ってくる。それから自由になりたかった。坂本龍馬のような感じと自立の思想は並行してあった気がします。

安部　私はそのころ青春の危機というか、精神の危機にありました。その最大の理由が現代社会に対する違和感でした。福岡県の八女《やめ》の田舎で生まれ、村落共同体的な価値観の中で育っている。それが久留米市の久留米高専に行って、高度経済成長の価値観に染まっていく。みんなそっち向いて走ってるけど、俺はいやだっていうような感じがずっとありました。それが左翼思想と結びついてシンパシーを抱いた。ところが内ゲバ事件、浅間《あさま》山荘事件、三菱《みつびし》重工爆破事件があって、これもおかしいと思ったときに、自分はどう生きるべきか真剣に悩みました。そんなときに坂口安《さかぐちあん》吾《ご》の「堕落論」を読んで目が開けたのです。まさに脱イデオロギーでしょうか。安吾の小説、太宰治《だざいおさむ》の小説、それからその周辺の戦後無頼派の人たちの小説を読んで救われた。

文学で人をこんなふうに救えるなら、自分も同じような仕事がしたい。そう思って、作家の道を目指しました。司馬作品を読んでいたころは自分のたのしみとして読んでいたけれど、戦後無頼派に触れて文学に開眼してからは、文学修業のような意識で小説を読むようになった。やがてドストエフスキーやトルストイにいく読み方をした。しばらく司馬さんとは離れた時期があります。

葉室 幅広く言えば、司馬さんは戦後派の文学だと思います。戦争を自分の大きな課題としてとらえ直した。戦争の総括、昭和の総括といったときに日本史の明治維新に入っていく。幕末から明治にかけての作品群です。いちばん印象的なのが『竜馬がゆく』と『坂の上の雲』でしょうね。明治維新に至るまでの坂本龍馬と、明治以降の日露戦争に至る秋山《あきやま》兄弟、正岡子規《まさおかしき》という。この人物像で整理すると日本史はわかるし、自分たちは自信をもてる、という司馬さんのメッセージだと思います。

安部　司馬さんは坂口安吾に影響を受けたのではないかと、私はこの10年ぐらい思っています。安吾が書いた歴史もので「二流の人」の黒田如水の書きっぷりと、司馬さんの「人斬り以蔵《いぞう》」の書きっぷりは、描写ではなく語りでいく。しかも万能の私が読者に熱気をもって伝えるというあり方が似ています。

葉室　人物像として、司馬さんが書かれるから明るいのですが、土方であれ、誰であれ根底的にはちょっとニヒリスティックなところがあります。自分の才能だけを信じて、ほかは信じない。戦争経験者はそうだったと思います。戦争にいろんなものを裏切られているから信じないという感覚が共通のものとしてあった。司馬さんは、信じられる何かをご自分なりに築こうとされた印象はあります。それがどういうものだったかは、私にはよくわかりませんが、司馬さんが目指された日本人像は、たしかにあったと思います。それを歴史の中で探っていかれた。

司馬さんは、戦争を通じて日本に絶望したと思うんです。希望を取り戻す過程が司馬さんの書いていった過程ではないかと思います。司馬さんは昭和というのは異質な時代であったとしている。歴史の中で日本人のよさを見ようとされたと思います。

安部　戦争と司馬さんという意味でいうと、日本人が戦争に負けて自信を喪失してしまったことが大きい。しかもマルクス主義史観の影響で、どのような階級に属するかで人間の意識が決まるという見方が主流だった。そこに司馬さんが現れ、「人間の可能性というのはそんなに薄っぺらなもんじゃない」と一人で頑張って縦横に筆をふるわれたという印象があります。人間の尊厳というものを歴史の中にみようとされた。そのおかげで、戦後多くの日本人が歴史の目を開かれたと思う。その功績は大きいですよ。

明治維新の見方については、司馬さん流の幻術です。マジック。「この日本にもこんなにすばらしい人たちがいて、幕末の危機を乗り越えて、近代国家をつくりあげた」という解釈を前面に押し立て、そういう物語を書くと腹を据えて取り組まれた。力道山《りきどうざん》が敗戦後の日本人に勇気を与えたように、司馬さんは日本人に勇気を与えるヒーローを作り出そうとされたと思っています。

葉室　先ほど『竜馬がゆく』と『坂の上の雲』をあげましたが、個人的には『十一番目の志士』とか『俄《にわか》―浪華《なにわ》遊侠伝《ゆうきょうでん》―』が好きでした。『俄』は殴られても賭場《とば》銭《せん》にしがみつく大阪侠客《きょうかく》の物語です。

当然、新選組ものも好きです。だから、私たちは司馬さんの新選組もので育った世代です。私たちの前の世代は子母澤寛さんだった。テレビとか映画にもなった司馬さんの『新選組血風録』を一生懸命見た。菊一文字にかかわる話で、病で自分の命が短いと知っている沖田総司が「千年の刀だ」とか言って抜かない。そうしたら栗塚旭の土方歳三に「おまえが抜かなかったから他の隊士が殺されたじゃねえか。おまえ、どうするんだ」と言われて斬りにいく。男はこのへんで腹を据えなきゃいけないと青春の一場面でわりと覚えています。男の生き方みたいなものを司馬さんに教えられているところもあるかなと思う。

安部　司馬さんのなかに戦後無頼派と通じるものがあると感じはじめたのは、宇宙から神様が降りてきたようなところのある人だと思ったからです。それってトリックスターじゃないですか。道化や呪術によって一般社会をかきまわし、人々を新しい認識に導くのがトリックスターの役割です。戦後無頼派の作家たちは、戦前の崩れた価値観や戦後の民主主義的価値観になじめず、己だけの真実を描き出そうと苦闘を繰り返した。私が尊敬している隆慶一郎《りゅうけいいちろう》さんにもそういうところがあります。司馬さんを再読していたら、「司馬さんもまったくいっしょだ」と思いはじめました。いわゆる違う価値観をぶつけることによって閉塞《へいそく》状況を打ち破っていくことを、意識的にやられたと強く思います。

葉室 子母澤寛さんの『新選組始末記』も読んでいますが、近藤局長が主役で土方は脇役です。大佛次郎の『鞍馬天狗』も鞍馬天狗が話すのは近藤さん。土方とは話をしない。土方って冷血な人ですから。そういう存在を司馬さんの作品が逆転させる。土方歳三の写真の存在も大きかった。土方歳三ってこんな格好のいい顔のやつだったんだと。それが最後まで戦ったんだという話になった。安部さんが言うように、今までになかった価値観をぶつけて新たな世界を構築していったと思う。

龍馬も私たちの子どものころは快男児だけどスターではなかった。世の中を動かしたのは桂小五郎でした。今、桂小五郎の位置は下落した。司馬さんが「逃げの小五郎」を書いたがゆえだと私は思います（笑）。司馬さんは、脇役だった人をメインにもってくることによって、歴史に別な光を当てて、本質を浮かび上がらせる作業をやられたと思う。

今になると、司馬さんが本筋に受け取られて、NHKの大河であれだけやったら明治維新は坂本龍馬がやったと視聴者が思い込みます。それもいかがなものかと思います。新選組でも、土方歳三が主役みたいだけど、やっぱり近藤勇です。近藤勇の独特な個性が新選組を引っ張った。

司馬さんが主流になっている状態は、たぶんご本人はお好みにはならなかったと思う。いろんな見方をぶつけてほしいと思われるんじゃないかな。本当に求められてるのはそういうことかなと思います。そのための大きな存在として司馬さんがいるんだから、そういうところに行かなきゃいけないんだろうと思います。

安部 私が司馬さんに一時期反発したのは、あの絶妙のレトリックとある意味のハッタリです。「こんなことを考えてるやつは世界に彼しかいなかった」なんてひょろっと書かれたりする。なんでそんなことが言えるんだという反発でした。

葉室 司馬さんは断言しますよね。

安部 細かく見ていくと、戦国時代を描いた作品などは、一ページに三つぐらい異を唱えたいところがあります（笑）。「石田三成という、この稀代《きたい》の秀才官僚は」みたいに書いている。

葉室 読む側には心地いい（笑）。

安部 そうなんです。

葉室 そこで歴史がぜんぶわかったような気になるから。『梟《ふくろう》の城』の伊賀《いが》の忍者の夜襲を世界的にみても類がないとされる。それはないと思いますよね。それは司馬さんの個性だし、断言することの魅力があったんだろうと思います。戦後の日本は歴史について断言ができない。司馬さんは気合で断言されている。

安部　いいですねえ、「気合で断言する」というのは名言です（笑）。

葉室　そういう人が必要なこともある。小林秀雄《こばやしひでお》も断言しますけど、根拠はあんまりない（笑）。だけど、断言してもらうと気持ちいい。それに従っていくかどうかは、聞いた側の問題ですから、違うなと思えば違うと思えばいい。少なくともそれによって自分の考えははっきりする。同じとこでぐずぐずうずくまっていると、日本史ってどこに価値があるのかわからなくなる。司馬さんは、日本史は価値があると言い切った。

戦後、明治以降をつくりあげた政府の考え方は、全部だめだという話になっちゃったときに拠《よ》り所をどこに見いだしていったらいいかわからない。司馬さんが歴史のなかから拾い上げてきたなかにいいものがある。これは誇るべきであると断言することは、非常に大切なことだった。それが司馬さんの魅力で、司馬さんの大きさです。

安部　『翔ぶが如く』を最近読みなおしました。司馬さんは川路利良《かわじとしよし》あたりを狂言回し的に使って西郷、大久保、それから木戸が何を考えていたか、なぜ西南戦争が起こったのかをテーマに書かれている。文中に語りとして「わからんのだ」とある。わからんなりに私はこの時代のなかに分け入って、当時の一人ひとりの状況を調べ回るという書き方です。

小説の構えとしては、えび天を頼んだら、中のえびは非常に細くて、衣だけが山ほどついてるような構えの小説です（笑）。しかし、この衣がうまいんですよ。衣の部分にすごいことを書いている。西郷隆盛の人物造形なんかは、司馬さん自身が西郷と四つに組んでまわしを取り合って西郷を理解しようとしている。この力業は司馬さん以外に誰もできていない。そのために援用される膨大な資料類、それからエピソード類がある。その資料の取り上げ方、エピソードの取り上げ方がじつにうまい。エピソードが大きな歴史の断片を表す一つの証拠物件であるみたいな出し方。どこまでが事実でどこまでがフィクションかわからない。さっきおっしゃった気合です。これを自分は解明せずにはおかんのだという取り組み方。気合があれば、レトリックもハッタリもかまわんのじゃないかと思わせるものでした。

司馬さんがあの時代にやらねばならぬと思われたのは、敗北史観や唯物史観から日本人を解放することです。司馬さんは戦後民主主義社会の危機をよくわかっていたと思います。自由や平等を謳《うた》いながら、究極的には単一的な価値観で人間が管理されていくと体感されていた。それに対して、管理されないところに人間の生きる意味と素晴らしさがあると。それを伝えるためならあとはどうでもいいぐらいの腹のくり方をしていたことが、わかってきました。

――安部さんの話をうかがっていると、司馬さんは好きだけど好きになってはいけないというような感じに思われていたと聞こえますが。

安部　ずっと好きだって言ってるじゃないですか（笑）。しかし、司馬さんとの闘いを通して自分を確立していくんだというのが、長い間の距離の取り方だったと思います。偉大な親父だから、不良息子は反発するわけですよ。でも六十という年になって、改めて司馬さんを読んでみると、ああやっぱりこれはただ者じゃなかったと。それに比べ、私は三十年近く歴史小説と取り組んできましたが、「この程度の認識しかもたないで歴史小説を書いてきたのか」と忸怩《じくじ》たるところがあります。

司馬さんはいつも宇宙の目を意識して、個人と地域の歴史を、時間と空間の座標軸でとらえようとする。その座標軸のどこに立ってるかによって、この人がどういう人間であるかを宇宙からの目で見る。その視線は、ジャーナリスティックなものと学問的な鍛錬の両方に支えられていた。それは仏教的な思想の目であったかもしれない。個人からの視点だけでは不完全だと、わかっていたと思う。常に宇宙の目で私を相対化する。『翔ぶが如く』を読みながら、そのことを強く感じました。

葉室　司馬さんの長編小説では『竜馬がゆく』『坂の上の雲』。『菜の花の沖』。それから『翔ぶが如く』という流れのなかにある。司馬さんの大きなテーマは戦争総括です。戦争の総括は近代の総括をしないとできない。大きな意味で日本の近代がテーマだったと思います。

『菜の花の沖』は日本にとってロシアは何なんだろうという問いかけです。幕末以降、ロシアの影は大きい。日露戦争まで一貫して日露の関係性をひもとけるぐらいです。松平定信のころからロシアの圧迫が強かった。アメリカはヤンキー魂でいきなり来たから印象は強いけど、本当は幕府があわてないで対処すればよかっただけの話。日本にとってロシアは何なのかというのは、たぶん司馬さんの戦争体験を通じての、ノモンハンを考える契機としてすごく大きかった。それが『菜の花の沖』に集約されている。

『翔ぶが如く』は何なのか。いわゆる明治維新の総括で司馬さんは薩長主流の史観じゃなかった。龍馬や新選組ら薩長以外の人で幕末・明治をひもといていた。で、主流のなかでぎりぎり誰で考えられるかといったら西郷であろうと。その西郷が西南戦争で敗北していく過程のなかに日本の近代の何かがあるというのがテーマだと思う。

たまたま私も安部さんも九州人です。九州って、基本約には近代の矛盾が日本のなかで凝縮している。沖縄まで入れるとなおのことです。九州の歴史を掘り起こしていくと、近代に突き当たる。『翔ぶが如く』では司馬さんが関心を持たれて書かれたけれど、西郷はわからないというところで終わってると思います。司馬さんは戦争を経験しましたが、陸軍嫌いで海軍好きというか海軍に希望を託すところがあった。『坂の上の雲』でも乃木希典《のぎまれすけ》に点数が厳しくて東郷平八郎《とうごうへいはちろう》には甘い感じもあります。薩摩なり海軍のなかに、司馬さんは何かを見いだそうとされたと思う。ただ、最終的に見いだしきれなかった。それは西郷という人格がわからないということだけではなかったと思う。司馬さんは基本的に近代化はいい。資本主義の発達も含めてOKです。西郷は近代化に対し異議申し立てをした。それが西南戦争だった。その異議申し立ては司馬さんにはわからない部分があったと思う。私たちは近代化がイコール西洋化であるのはおかしいのではないかという考え方になってきています。そのなかで西南戦争をもう一回見なおしたいと思っています。

司馬さんが最後の小説で書かれたのが『韃靼《だったん》疾風録』。日本人はいますけど、いなくても成立してる話です。要するに女真族が清を打ち立てる過程でユーラシア大陸の真ん中で起きている歴史的な大きなうねりを書いた。司馬さんはああいうダイナミズムが描きたかった。あれを描いたからこれ以上ってないと思われた気がします。大陸のなかにおける王朝の交代がなぜ起きて、現場はこうだった。西からの風が起きた場所を見に行った。あとはもう小説的にやることはなかったという気はします。

安部　司馬さんは出てくる人物のキャラクターを決めてしまう。この人はこういう人、この人は悪い人みたいに。新聞の社会面をつくるときの方法かもしれないと思ったりしましたが。いい役を割り振られて、司馬さんの愛情のある手で育てあげられる人たちはいいが、乃木大将や藤堂高虎《とうどうたかとら》のように冷たく突き放された人は立つ瀬がない。そういう人物の描き方で本当にいいのか、という疑問はずっと持っていました。

葉室　そこが司馬さんの天馬空をゆくところ。天馬は空を飛んでもらわないと困るんで、それはそれでしょうがないと思います。

記者の仕事って、たとえばジャガイモを煮てたら煮立った瞬間に誰がいちばん早く書くのかを競う。だけど、うまい記者は煮立つ前に煮えてるとこだけスプーンですくい取って料理して出してくる。これをやられると他のやつは何もできない。司馬さんはそのうまさがあって、全体がまだ歴史的に成熟してなくて、価値も決まってないけど、「ここはいける」と思ったところをスーッとすくい取ってきて、料理として出す。

ただし、煮えてないほかの部分は残ってるわけです。これを誰がどうするという話です。

苦情ではないですけども、私たちは、その誰かがどうかしなきゃいけないことをどうかしようとしてるところはあります。

でも、誰かに最初にそうやっていいところを切り取ってもらわないと、いいものがあるということがわかりませんから。

安部　うーん、そうですね。

葉室　だから、司馬さんが書いた段階では「こういういいものがあるんだ」というのは誰もわからなかったんです。新選組の土方歳三のよさにしてもわからなかった。そこを切り取って、料理として出された。

安部　司馬さんの言葉は、詩情と詞藻《しそう》といいましょうか、詩的な精神から生み出していると思います。それに漢詩の教養とその他諸々《もろもろ》の教養がうしろにあって、臨機応変に自分の詞藻、詩情を表現できる。

人物をとらえるうえにおいても、分析というよりは、自分の詩情、詞藻によって感知したことを教養、それから取材を通じてフォローアップしていく。そういうやり方をなさっているとと感じます。

葉室　やっぱり詩人と記者という資質が、一番大きいと思いますね、司馬さんに関しては。小説家という仕事を、その詩人と記者という資質を使ってされた感じがします。どちらかというと小説家のイメージって、自分の内部から自分を見つめてという、ある種自己に閉じこもる作業をするんだろうと思うんですけど、司馬さんはそういう意味での自己を、ある意味語らない人です。自分の考えは語るけれども自分自身ということはあまり語らない。

私は、司馬さんの言葉のなかでは「からり」というのがけっこう好きです。要するに乾いてる。「からりと笑った」と司馬さんはよく使われている。私も影響されて、ときどき「からりと笑った」と書いている（笑）。

司馬さんは単語としてはよく「風」を使われると思います。「風塵抄《ふうじんしょう》」とか。やっぱり風のような人ですね。だからモンゴルまで吹き渡っていくことができたのだろうなと思います。私はけっこう地面を這《は》っているので、そういう存在への憧《あこが》れはありますね。やっぱり風の如く行ける人だった。

安部　作品のなかに、のびやかな風が吹き渡ってる感じがします。それにやっぱり愛情深いですよね。好きな人に対する愛情がね。

葉室　司馬さんに嫌われたらえらいことになる。
安部　司馬さんは、薩摩人には愛情深いですね。
葉室　愛情ありますね。直木《なおき》賞のときに海音寺潮五郎さんの推薦を受けたという経過も含めてでしょうけど、海軍好きとか、薩摩に希望を見いだそうとかというのがあったと思います。
安部　高知《こうち》へのこだわりも強いし、やっぱり黒潮好きですね。
葉室　あの高知へのこだわりは龍馬がいたからというのと、ちょっと南国風なのがあるんですかね。それこそ乾いてるっていうか。
安部　やっぱり世界に開けてるからじゃないですかね、黒潮というものの匂いって。
葉室　いまだに歴史の入門編は司馬作品ですよ。司馬さんからみんな入ってくる。アンチ司馬もいっぱいいるみたいですけど、歴史を語るには司馬さんを読んで、それからアンチになる人はアンチになるということかなと思います。
司馬さんの強みは、資料をものすごく読んで、多角的にその人物像なり歴史の断面というのを描かれたということです。いろんなのを取り上げて。そしてレトリックのうまさでわかりやすい。
だから、私たちはそういう意味では、司馬さんが描いたもの以外を書こうとするから、どうしても話が脇の話になってしまって、入門書たりえない。本筋の王道を書く人は、自分も含めてですけど、あまりいない。どうしても脇の話になってしまっているというところがある。本当は王道を書く努力をしないと。安部さんはされてると思いますけど。

安部　真ん中に立って、あざやかで見事な大風呂敷《おおぶろしき》を広げられているんで、我々はついつい道の脇に寄っている気はします（笑）。

――藤沢周平《ふじさわしゅうへい》さんの存在は、どういう位置づけになるんでしょうか。

葉室　人生の悲哀を味わった人が読まれるという感じですよね。そういう人が「俺の人生、どんな意味があったんだろう」と思って藤沢さんを読むと、「そうか、自分にもいろんないい思い出があったかもしれないな。振り返ってみれば友達もいたな」とか人生の振り返りができる。そういう意味での人生の癒やし的なところがある。

安部　藤沢さんの小説を読むと、人間のやさしさとか、関係性の機微みたいなものを本当に細かく描き込んでおられる。さっきの我の目と宇宙の目でいえば我の目に徹底的にこだわって、「人間とは何だ」というところを描かれていると思います。

葉室　特徴的なのは、皆さん戦前社会を知っている方たちです。池波正太郎《いけなみしょうたろう》さんにしても。たとえば戦争の話を書くときには、戦争体験がどこかにある。「戦争とは何か」。関ヶ原を書くときもそうだと思います。自分らが見てきた戦争。怖いということも含めて、実感としてある。だからその中では司馬さんがどう考えてたのかは、常に参考になっていくと思いますね。

――最後に、司馬さんが書いた信長、秀吉、家康など王道の人の書き方は、どうみていますか。

安部　家康がいちばんお嫌いだというか、あんまり好きじゃなかったのでしょうね。それでも当時、あそこまで書くのはすごいことだったかもしれないけど、西郷を書こうとして注いだ情熱や手際とは、ぜんぜん違うと思う。本当はあまり興味がなかったんじゃないですかね。『城塞《じょうさい》』とか、豊臣家を書くにしても「権力者は俺が書かなくてもみんな知っとるやろ」というような思いがあった気がします。

葉室　一つは、司馬さんのときには吉川英治さんが真ん中にいた。だから司馬さんは逆にいうと脇役を書いていった。私たちもそういう状態なのかもしれないですけども。ただ司馬さんは脇役を書いて、最終的に脇役を真ん中にもっていけた。だから、吉川英治の『新書太閤記《たいこうき》』に描かれているような秀吉には興味がなかったと思います。

吉川英治の『黒田如水』は私は好きですけど、あれも戦時中に書かれている。黒田如水が有岡城でボロボロになって引き出されたときに、子どもを殺されてると思ってて、「それがすべて将来のための人柱になるんだったら私は満足でございます」と言うのは、戦時中に捕虜になって戻ってきた人の言葉です。吉川歴史文学は、戦前の歴史文学の王道だった。そのなかで司馬さんがつかんだのは龍馬であり、土方歳三だったと思います。司馬さんに才能があったから、これをすごい大きなものに育てた。だから、司馬さんはその王道的なものにさほど関心はなかったと思います。それはだって吉川さんの仕事だったから。吉川さんの仕事であり、戦後では山岡荘八さんの仕事だったと思います。

司馬さんはある種、仕事ができる人間が好きです。華やかな仕事ができる人が。家康に関心がないのは、華やかに何かやったって、あんまりないですから。生真面目だったのかなと思います。信長と秀吉は派手ではあるから、それなりの派手さの部分は書いたけど、すごく関心があったかというと、そこまではなかった。要するにお話として書ける素材であればいいという程度だった。『国盗り物語』も本来は斎藤道三だけでもよかった。でも、あまり評判がいいもんだから信長もついでにやっちゃった。終わるに終われなかったという気がします。

安部　今回司馬さんを読みなおして、少し見方が変わりました。この対談のおかげで、認識を新たにすることができました。数日間集中して読んでみたら、資料収集力とあざやかな人物を造形する能力がすごいと、改めて思いました。それと読者を「おいでおいで」と引きつける語り口。うますぎて脱帽です。

葉室　私は、安部さんの『維新の肖像』を読みまして、たいへん感心しました。感心したという言い方はちょっと偉そうで、ごめんなさい。

安部　いえいえ。

葉室　司馬さんが書かれた維新像は問題は抱えつつも、やっぱり維新自体はよかったということだった。維新の評価はいろいろあります。安部さんの『維新の肖像』は、日本の昭和に至る大陸進出に関するひとつの批判をアメリカにいる日本人学者がする。その学者の父親が二本松藩の藩士で、戊辰戦争で戦っていた。物語は交互に描かれていて、おもしろい。明治維新後、明治政府ができて「維新はよかったんだ」という国家的な教育をやったと思います。「今の政権は正しい」と肯定をして、ぜんぶよかったという話になっていく。でも、歴史的にみて多くの問題があった。ただ歴史小説家としては明治維新はおいしいネタどころです。そこの幻想を崩すと将来のネタがなくなってしまう。安部さんが今度それをやられた。たぶん将来、革命の志士というロマンの主人公にすることが難しくなっていくだろうなと思います。

・こういう作品が出てきたことが、司馬さん没後二十年なんだと思う。これまで、司馬さんの整理のしかたしかなかった。二十年経って、少し違う整理のしかたができるようになったのかもしれないと思います。

集団的自衛権に思う

芥川龍之介《あくたがわりゅうのすけ》に『猿蟹合戦《さるかにがっせん》』という短編小説がある。

おとぎ話の「猿蟹合戦」そのものではなく、猿によって殺された蟹の子供が蜂や臼《うす》などに手伝ってもらって仇討《かたきう》ちしてからの後日談を書いている。

おとぎ話の読者は、仇討ちを果たした蟹たちが、その後、平和に暮らしたはずだと信じているだろうが、芥川の短編では次のようになる。

「しかしそれは偽《いつわり》である。彼らは仇を取った後、警官の捕縛するところとなり、悉《ことごと》く監獄に投ぜられた。しかも裁判を重ねた結果、主犯蟹は死刑になり、臼、蜂、卵らの共犯は無期徒刑の宣告を受けたのである」

裁判にかけられた蟹は弁明を認められず、弁護士から「あきらめ給え」と言われる。

新聞雑誌などの世論も「蟹の猿を殺したのは私憤の結果に外ならない。しかもその私憤たるや、己の無知と軽率とから猿に利益を占められたのを忌忌《いまいま》しがっただけではないか」と非難するばかりだ。知識人である大学教授までもが「蟹の猿を殺したのは復讐《ふくしゅう》の意志に出たのである、復讐は善と称しがたい」とまったく認めようとしないまま蟹は死刑を執行されてしまう。

さらに蟹の遺族たちまでもが身を持ち崩し、悲惨な運命をたどる。

おとぎ話のことを語っても仕方がないと思われるだろうが、実は集団的自衛権について考えたいのだ。

友好関係にある国家が他国から攻撃された際に、自国が攻撃されていないにもかかわらず戦う権利ということらしい。わかりやすくたとえると、「猿蟹合戦」のようなものだ。

蟹国が猿国から攻撃を受けると、蟹国の友好国である蜂国や卵国、臼国が猿国と戦うのだ。無法な行為をした猿国は退治され、めでたし、めでたし、となるはずだ。

ところが芥川の『猿蟹合戦』はそうはならない。

正義の戦いをした蟹たちが罰せられてしまう。考えてみれば、いつの時代でも戦争をする側は、自国を正義だと思っているが、戦争が終わった後で話が違ってくる。自衛のための戦いと侵略の境目はあいまいだからだ。

民俗学者の柳田国男《やなぎたくにお》によれば、「猿蟹合戦」に似たおとぎ話に「雀《すずめ》の仇討ち」があるという。

奥山の山母が竹藪《たけやぶ》に巣をかけた雀に卵をひとつくれ、と言う。恐ろしくなった雀はひとつを渡すが、山母は満足せずに、もうひとつ、もうひとつとねだって、ついには親雀も食ってしまう。

このとき、生き残った子雀が、団子をあたえることで針や蟹、臼などを味方にして山母の屋形に乗り込んで仇を討つ。

まるで桃太郎のようだ。こうなると仇討ちと言うより、復讐譚《たん》ではないか。

柳田は「猿蟹合戦」について、「今ある親の讐《かたき》を討ったという話よりも、猿にいじめられた弱い蟹が、多くの友の援助を受けて、相手を撃退したというほうが古くはないかと思う」(『桃太郎の誕生』)とも述べている。もともとは猿に脅されて困って泣いている蟹を臼や牛糞《ぎゅうふん》などが力を合わせて助けるという話だった。

こちらのほうが、集団的自衛権の説明には近いかもしれない。しかし猿にいじめられた蟹を助けるという話は、やがて仇討ちや復讐譚へと変わっていったのだ。

芥川の『猿蟹合戦』で描かれた蟹たちは、憎むべき猿との合戦の後、こんな悲運が待っているとは夢にも思わなかったに違いない。

芥川がこの短編を発表したのは大正十二（一九二三）年三月だ。この年、九月一日には関東大震災が起きる。四年後の昭和二（一九二七）年七月には、「僕の将来に対する唯《ただ》ぼんやりした不安」を抱いて芥川は自殺する。

ちなみに芥川の『猿蟹合戦』は、最後を読者に呼びかけた言葉で締めくくっている。

「君だちも大抵蟹なんですよ」

蟹のひとりとして「ぼんやりした不安」の中にいるのは、わたしだけではないだろう。

解説

内藤麻里子《ないとうまりこ》（文芸ジャーナリスト）

本書は二〇一七年、惜しまれつつこの世を去った作家、葉室麟《はむろりん》の日本人論である。司馬遼太郎《しばりようたろう》が手がけた『この国のかたち』に倣えば、葉室が遺《のこ》した「この国のかたち」と言えよう。

冒頭にあるように、本書は二〇一四年から二〇一五年の二年間、『毎日新聞西部版』（九州、沖縄から山口県をカバーする）に連載された「ニッポンの肖像　葉室麟のロマン史談」をもとにまとめられた。第一部は毎日新聞西部本社の学芸課記者、矢部明洋《やべあきひろ》が聞き手になった。第二部は専門家を招いての対談である。なぜこの構成になったのかは「日本人とは何か――あとがきにかえて――」に説明があるが、後で改めて触れたい。

まずは歴史上の人物に迫る第一部だ。示唆に富む指摘にあふれている。矢部は思考を促したり、異なる角度から光を当てテーマを広げたりする質問を投げかけ、論を深める絶妙なサポートをしている。語りたいポイントが多くて迷うが、いくつかに絞って触れたい。

「黒田官兵衛《くろだかんべえ》」「宮本武蔵《みやもとむさし》」などの章は、先人の作品を手がかりに人物像を探る。ここでは戦争体験が作家に及ぼした影響が見逃せない。例えば豊臣秀吉《とよとみひでよし》の懐刀と言われた軍師・黒田官兵衛は、若き日、謀反を起こした荒木村重《あらきむらしげ》を翻意させようと、村重が籠《こも》る有岡《ありおか》城に乗り込んだものの逆に幽閉されてしまう。こうした官兵衛を、吉川英治《よしかわえいじ》の『黒田如水』も、司馬遼太郎の『播磨灘《はりまなだ》物語』も、ヒューマニズムという観点で書いていると分析する。

つまり、戦国という時代を「普通であり続けた人物として評価した」というのだ。なぜなら、「昭和という戦争とイデオロギーの時代を体験した両巨匠が、それにのみ込まれなかった、ヒューマンで現実主義的な人間像を官兵衛に見いだした」からだ。

論の締めくくりにこう語る。吉川作品からは「日本人とは何かが、戦前からの声として伝わってくる」。司馬は「日本人は戦後の世界をどう生きるか問い続けた」。これが第一章なのである。本書の意図を計らずも表明しているように思う。

第五章「女帝の世紀」では、持統《じとう》天皇以降、奈良《なら》時代の元明《げんめい》、元正《げんしょう》ら女性天皇を俎上《そじょう》に載せる。もちろん自身の孫や弟に継がせたいという思いはあれど、皇子間で争って内乱になるのを避け、国家の基盤づくりを進めるという明確な意志があったと指摘する。女性天皇というと、適当な後継者がいない場合のピンチヒッター、お飾りと思われがちだが、実像は違ったということを読み解いてみせた。

第七章「西郷隆盛《さいごうたかもり》」では、明治維新をどう考えたらいいかに言及する。自身の西郷像を「『善』や『無私』の倫理性で突出するリーダー」とし、対する大久保利通《おおくぼとしみち》を「倫理より、近代化しないと世界で生き残れないとの危機感の方が強く」、と語る。そして西南戦争で西郷が敗北したことにより、「西郷が目指した倫理性を伴う革命は挫折《ざせつ》し、大久保らに代表される実務者の時代になった」と言うのだ。

葉室は明治維新の総括をする必要性を訴え、その先の「欧米化の波や、太平洋戦争の敗戦で否定された日本の歴史を取り戻し、現代の日本が失っているものは何かを書きたい」と口にしていた。後に出た『大獄』(二〇一七年刊)で青春時代の西郷を描き、ここで言う倫理性を具現化してみせた。西郷のその後も続いて書く予定だったが、時間が許さなかった。本書には、この作家が目指していたものを想像する手がかりがあちこちに潜む。

第八章「源平争乱」で挙げる、日本列島は東国と西国で成り立っているという見方も興味深い。網野《あみの》善彦《よしひこ》の『東と西の語る日本の歴史』を引きながら、東国と西国の差異を語る。東国は陸の民、西国は海の民と言っていいのかもしれない。そして西国は「貿易や経済重視の体制は外来文化の受容によって、弱体化が進みやすかった」として、西国政権は長持ちしないことを解き明かす。平氏も豊臣政権もしかり、室町幕府も早々に混乱を呈した。

薩摩《さつま》、長州《ちょうしゅう》が中心となった維新政府も西国政権だと看破し、太平洋戦争の敗戦までの八十年足らずを「明治維新後、海外への関心が高く、征韓論《せいかんろん》から日清《にっしん》、日露《にちろ》戦争へと突き進んだのではないでしょうか」と語る。これには蒙《もう》を啓《ひら》かれた。こんな観点から葉室が明治維新後の日本を描いたらどんな作品を送り出してくれたか、詮《せん》無いことだが夢想した。

第二部では、これらの論点が専門家との対話で深まっていく。

例えば東国と西国の同居については、第二章「朝鮮出兵の時代」、第三章「対外交流からみた中世」などでさらに発展させた。天皇に関しては「歴史小説を書く立場からすると、天皇は中心課題みたいな部分があります」と位置づけ、第四章「国家と宗教」、第六章「日本人と憲法」で語り合う。

面白いのは、第四章で明治維新による天皇の皇帝化で、従来の宗教性が失われたのではないかと問う葉室に対して、東京大学総合文化研究科准教授（当時）の山口《やまぐち》輝臣《てるおみ》が「もう少し慎重に考えてみる必要があります」と答えているところだ。作家と学者のスタンスの違いが明確に表れている。学者はエビデンスを求めるが、作家は歴史の穴に想像の翼を広げる。独自の解釈とはいえ、小説になると確かにそう思わせられる説得力を持つ。それが歴史小説を読む醍醐味《だいごみ》の一つである。

さて、先ほど後回しにした構成について話を転じたい。「あとがきにかえて」にあるように、聞き手である矢部が二〇一四年十一月、脳梗塞《のうこうそく》と脳出血の病に倒れた。彼に代わる聞き手がいなかったことから、連載は専門家を招いての対談に形を変えることになった。

当時、矢部は毎日新聞西部本社の学芸課長だった。私は文芸ジャーナリストになる前は毎日新聞の記者で、実は我々は同期である。矢部は小説、歴史はもちろん硬軟取り混ぜた幅広い教養と知識に裏打ちされた見識があり、舌鋒《ぜっぽう》鋭い批評や茶目っ気たっぷりの冗談を繰りだすのが常だった。酒をこよなく愛し、健啖家《けんたんか》で、情にあふれる愛すべき好漢である。

病に倒れた時、葉室さんが「僕の思考をここまで引き出してくれたのは矢部さんの力。余人をもって代えがたし」と言って、連載の形を変えたと聞いた時は胸を衝かれた。その後でもう一つ、胸を衝かれることがあった。

それは本書の単行本刊行時（二〇一六年）、著者を矢部との連名にしたことだ。当時の版元は当初、葉室さん一人の名前にすることにこだわった。しかし、葉室さんは連名を貫いた。先に紹介した「僕の思考をここまで引き出してくれたのは矢部さんの力」という思いが理由の一つ。もう一つは矢部に印税を発生させるためだった。彼は麻痺《まひ》が残り、仕事に復帰することがかなわなかったからだ。

葉室麟とはそういう作家であった。

ほぼ時を同じくして、葉室さんに私も助けられたことがある。毎日新聞で小説を連載していた作家が病に倒れ、中断になった。次の連載小説の開始は三ヵ月後。社の上層部から「その間、何か連載を」と指示された。その電話がかかってきたのは、折しも葉室さんの新刊インタビューを終えた時だった。頭を抱える私から事情を聴き出すと、おもむろに連載を申し出てくれたのだ。何度も頭を下げる私に、「もうやめて。それより、この善行をみんなに広めてよ」と、笑いに紛らせた。この作家一流の優しさである。

もちろん、善行はあちこちでしゃべった。だが、当時『日本人の肖像』はまだ本になっておらず、連載は西部本社版だから、東京にいる私の周囲に知る人は少ない。

こちらの話もしたかったが、その機会はなかなかなかった。だから今回、文庫化にあたり、この話を記すことができてとてもうれしい。編集者によると、九州在住の矢部は元気にしているとのこと。矢部ちゃん、解説を書かせていただきました。ありがとう。

本書は、二〇一六年八月に講談社から刊行された単行本を文庫化したものです。

特別収録

「対談　司馬遼太郎をめぐって　安部龍太郎」
（週刊朝日ムック「没後20年　司馬遼太郎の言葉」、朝日新聞出版、二〇一五年）
「集団的自衛権に思う」（『朝日新聞』、二〇一四年四月二十九日）

日本人《にほんじん》の肖像《しょうぞう》

葉室《はむろ》 麟《りん》　矢部《やべ》明洋《あきひろ》

令和7年 3月25日　初版発行

発行者●山下直久

発行●株式会社KADOKAWA
〒102-8177　東京都千代田区富士見2-13-3
電話　0570-002-301（ナビダイヤル）

角川文庫 24584

印刷所●株式会社暁印刷
製本所●本間製本株式会社

表紙画●和田三造

●お問い合わせ
https://www.kadokawa.co.jp/（「お問い合わせ」へお進みください）
※内容によっては、お答えできない場合があります。
※サポートは日本国内のみとさせていただきます。
※Japanese text only

ISBN 978-4-04-115499-1　C0195

角川文庫発刊に際して

角　川　源　義

　第二次世界大戦の敗北は、軍事力の敗北であった以上に、私たちの若い文化力の敗退であった。私たちの文化が戦争に対して如何に無力であり、単なるあだ花に過ぎなかったかを、私たちは身を以て体験し痛感した。西洋近代文化の摂取にとって、明治以後八十年の歳月は決して短かすぎたとは言えない。にもかかわらず、近代文化の伝統を確立し、自由な批判と柔軟な良識に富む文化層として自らを形成することに私たちは失敗して来た。そしてこれは、各層への文化の普及滲透を任務とする出版人の責任でもあった。

　一九四五年以来、私たちは再び振出しに戻り、第一歩から踏み出すことを余儀なくされた。これは大きな不幸ではあるが、反面、これまでの混沌・未熟・歪曲の中にあった我が国の文化に秩序と確たる基礎を齎らすためには絶好の機会でもある。角川書店は、このような祖国の文化的危機にあたり、微力をも顧みず再建の礎石たるべき抱負と決意とをもって出発したが、ここに創立以来の念願を果すべく角川文庫を発刊する。これまで刊行されたあらゆる全集叢書文庫類の長所と短所とを検討し、古今東西の不朽の典籍を、良心的編集のもとに、廉価に、そして書架にふさわしい美本として、多くのひとびとに提供しようとする。しかし私たちは徒らに百科全書的な知識のジレッタントを作ることを目的とせず、あくまで祖国の文化に秩序と再建への道を示し、この文庫を角川書店の栄ある事業として、今後永久に継続発展せしめ、学芸と教養との殿堂として大成せんことを期したい。多くの読書子の愛情ある忠言と支持とによって、この希望と抱負とを完遂せしめられんことを願う。

一九四九年五月三日

角川文庫ベストセラー

蒼天見ゆ 葉室 麟

秋月藩士の父、そして母までも斬殺された臼井六郎は、固く仇討ちを誓う。だが武士の世では美風とされた仇討ちが明治に入ると禁じられてしまう。おのれは何をなすべきなのか。六郎が下した決断とは？

はだれ雪（上）（下） 葉室 麟

浅野内匠頭の〝遺言〟を聞いたとして将軍綱吉の怒りにふれ、扇野藩に流罪となった旗本・永井勘解由。若くして扇野藩士・中川家の後家となった紗英はその接待役を命じられた。勘解由に惹かれていく紗英は……。

孤篷のひと 葉室 麟

千利休、古田織部、徳川家康、伊達政宗――。当代一の傑物たちと渡り合い、天下泰平の茶を目指した茶人・小堀遠州の静かなる情熱、そして到達した〝ひとの生きる道〟とは。あたたかな感動を呼ぶ歴史小説！

天翔ける 葉室 麟

幕末、福井藩は激動の時代のなか藩の舵取りを定めきれず大きく揺れていた。決断を迫られた前藩主・松平春嶽の前に現れたのは坂本龍馬を名のる1人の若者。明治維新の影の英雄、雄飛の物語がいまはじまる。

青嵐の坂 葉室 麟

扇野藩は財政破綻の危機に瀕していた。中老の檜弥八郎が藩政改革に当たるが、改革は失敗。挙げ句、弥八郎は賄賂の疑いで切腹してしまう。残された娘の那美は、偏屈で知られる親戚・矢吹主馬に預けられ……。

角川文庫ベストセラー

洛中洛外をゆく　葉室　麟

『蜩ノ記』や『散り椿』など、数々の歴史・時代小説で読者を魅了し続けた葉室麟。著者の人生観や小説観を掘り下げ、葉室文学の深淵に迫る。作品の舞台となった京都の名所案内も兼ねた永久保存版！

刀伊入寇　藤原隆家の闘い　葉室　麟

荒くれ者として恐れられる藤原隆家は、公卿ながらに強い敵を求め続けていた。一族同士がいがみ合う熾烈な政争に巻き込まれた隆家は、のちに九州に下向する。そこで直面したのは、異民族の襲来だった。

月神《げっしん》　葉室　麟

明治13年、内務省書記官の月形潔は、北海道に監獄を造るために横浜を発った。自身の処遇に悩む潔の頭に浮かぶのは、志士として散った従兄弟の月形洗蔵だった。2人の男の思いが、時空を超えて交差する。

神剣　人斬り彦斎　葉室　麟

下級武士に生まれた河上彦斎は、吉田松陰と出会い、志士として生きることを決意した。厳しい修行の果てに最強の剣技を手にした彦斎は、敵対する勢力に牙を剝く。〈人斬り彦斎〉の生涯を描いた歴史長篇。

不疑　葉室麟短編傑作選　葉室　麟

中国の漢の時代、「京兆尹」という役職に就く「不疑」という男がいた。ある日、天子の色である黄色の車に乗った謎の男が宮殿に現れる。男は反乱を起こして殺されたはずの皇太子を名のるが……。

角川文庫ベストセラー

三日月が円くなるまで 小十郎始末記
宇江佐真理

仙石藩と、隣接する島北藩は、かねてより不仲だった。島北藩江戸屋敷に潜り込み、顔を潰された藩主の汚名を雪ごうとする仙石藩士。小十郎はその助太刀を命じられる。青年武士の江戸の青春を描く時代小説。

通りゃんせ
宇江佐真理

25歳のサラリーマン・大森連は小仏峠の滝で気を失い、天明6年の武蔵国青畑村にタイムスリップ。驚きつつも懸命に生き抜こうとする連と村人たちを飢饉が襲い……時代を超えた感動の歴史長編！

夕映え（上）（下）
宇江佐真理

江戸の本所で「福助」という縄暖簾の見世を営む女将のおあきと弘蔵夫婦。心配の種は、武士に憧れ、職の落ち着かない息子、良助のことだった…。幕末の世、市井に生きる者の人情と人生を描いた長編時代小説！

口入れ屋おふく 昨日みた夢
宇江佐真理

逐電した夫への未練を断ち切れず、実家の口入れ屋「きまり屋」に出戻ったおふく。働き者で気立てのよいおふくは、駆り出される奉公先で目にする人生模様から、一筋縄ではいかない人の世を学んでいく——。

夕映え 新装版
宇江佐真理

江戸の本所の縄暖簾「福助」の息子・良助は、彰義隊の一員として上野の山の戦に加わるという。無事を祈る両親だったが、江戸から明治への時代の激流は、市井に生きる彼らを否応なく呑み込もうとしていた。

角川文庫ベストセラー

雷桜　新装版　宇江佐真理

乳飲み子の頃に何者かにさらわれた庄屋の愛娘・遊。15年の時を経て、遊は、狼女となって帰還した。そして身分違いの恋に落ちるが――。数奇な運命を辿った女性の凜とした生涯を描く、長編時代ロマン。

シュンスケ！　門井慶喜

伊藤俊輔、のちの伊藤博文は農民の子に生まれながらも、その持ち前のひたむきさ、明るさで周囲を魅了し、驚異的な出世を遂げる。新生日本の立役者の青年期を、さわやかに痛快に描く歴史小説。

マジカル・ヒストリー・ツアー
ミステリと美術で読む近代　門井慶喜

直木賞作家が『時の娘』『薔薇の名前』『わたしの名は赤』などの名作をとおして、小説・宗教・美術が交差する「近代の謎」を読み解く！　推理作家協会賞受賞作。

屋根をかける人　門井慶喜

明治末期にキリスト教伝道のために来日したアメリカ人建築家、メレル・ヴォーリズ。彼は日本人として生きることを選び、終戦後、昭和天皇を守るために戦った――。彼を突き動かした「日本」への想いとは。

銀閣の人　門井慶喜

京都が地獄の戦地と化した十五世紀。室町幕府八代将軍・足利義政は、己の信じる美を追究するために、銀閣の造営に乗り出そうとしていた。日本建築の基準を生み出した文化の革命を、直木賞作家が描く。